León XIV

León XIV

¿Quién es, qué piensa y qué podemos esperar de Robert Prevost?

MARIO ESCOBAR

Obra editada en colaboración con Editorial Planeta – España

Diseño de colección: Sylvia Sans Bassat
Composición: Realización Planeta

Bajo el sello editorial PLANETA M.R.
Avenida Presidente Masarik núm. 111,
Piso 2, Polanco V Sección, Miguel Hidalgo
C.P. 11560, Ciudad de México
www.planetadelibros.com.mx

Primera edición impresa en España: julio de 2025
ISBN: 978-84-234-3938-6

Primera edición impresa en México: octubre de 2025
ISBN: 978-607-39-3425-1

Impreso en los talleres de Corporación en Servicios
Integrales de Asesoría Profesional, S.A. de C.V.,
Calle E # 6, Parque Industrial
Puebla 2000, C.P. 72225, Puebla, Pue.
Impreso y hecho en México / *Printed in Mexico*

A los hombres y mujeres que buscan la paz
en un mundo tan convulso

¡La paz sea con todos ustedes![1]

¡Dios nos quiere bien, Dios nos ama a todos, y el mal no prevalecerá![2]

Con ustedes soy cristiano y para ustedes obispo.[3]

El obispo no debe ser un pequeño príncipe sentado en su reino, sino estar llamado auténticamente a ser humilde, cercano al pueblo al que sirve, caminar con ellos, sufrir con ellos y buscar formas de vivir mejor el mensaje del Evangelio en medio de su pueblo.[4]

La primera prioridad es comunicar la belleza de la fe, la belleza y la alegría de conocer a Jesús.[5]

León XIV

[1] Primeras palabras desde el balcón de San Pedro al ser elegido papa. *Vatican News*, <https://www.vaticannews.va/en/pope/news/2025-05/pope-leo-xiv-peace-be-with-you-first-words.html>.

[2] En su primer discurso como pontífice. *Forbes*, <https://www.forbes.com/sites/tylerroush/2025/05/08/evil-will-not-prevail-robert-francis-prevosts-first-speech-as-pope-leo-xiv/>.

[3] Citando a san Agustín en su primer mensaje como papa. NPR, <https://www.npr.org/2025/05/08/nx-s1-5392318/transcript-pope-leo-xiv-speech>.

[4] Sobre el rol del obispo. *Hallow*, <https://hallow.com/blog/pope-leo-xiv-cardinal-robert-francis-prevost/>.

[5] Sobre la misión evangelizadora. *RE*, <https://www.religionyescuela.com/actualidad/que-puede-aportar-leon-xiv-a-la-educacion/>.

Índice

Parte III
Los retos del nuevo papa

Introducción

La solemnidad y majestuosidad de los ciento treinta y tres cardenales desfilando desde la Capilla Paulina bajo los impresionantes frescos de Miguel Ángel, con sus imponentes hábitos talares de un encendido rojo escarlata, sus mucetas cubriendo sus hombros y tapando parcialmente los roquetes blancos, y sus cabezas cubiertas con los birretes del mismo color, para atravesar luego la Sala Regia y llegar a la capilla más bella creada por el hombre, la Capilla Sixtina, que a muchos recuerda al Paraíso perdido, para encerrarse voluntariamente por un tiempo indeterminado con el único propósito de darle un nuevo papa a la Iglesia de Roma, no tiene comparación. Los príncipes de la Iglesia se reúnen bajo un mismo techo, esperando la inspiración del Espíritu Santo, para elegir a uno de los hombres más poderosos de la tierra, vicario de Cristo, obispo de Roma y Sumo Pontífice de la Iglesia Universal, mientras el mundo observa extasiado unos ritos milenarios, pero que siguen siendo misteriosos y atrayentes.

Mientras los cardenales caminan hasta entrar por orden en la Capilla Sixtina, van entonando el *Veni Creator*, una letanía que invoca la intervención del Espíritu Santo que inunda de ecos la capilla:

Veni, Creator Spiritus,
mentes tuorum visita,
imple superna gratia,
quae tu creasti, pectora[6]

La guardia suiza custodia la puerta con sus coloridos uniformes diseñados por Jules Répond, aunque la leyenda los atribuya al mismo Miguel Ángel.

Una vez que los cardenales han ocupado sus puestos, juran, uno por uno, el acatamiento de las estrictas normas del cónclave, sobre todo la de cumplir con el mandato milenario de Pedro, el primer papa de Roma, sin son elegidos papas y la de no revelar los secretos de una de las elecciones más misteriosas del mundo.

Cuando concluye la ceremonia de los juramentos, mientras el aroma a incienso se disipa y las voces se van acallando lentamente, el maestro de las Celebraciones Litúrgicas Pontificias, Diego Giovanni Ravelli,[7] exclama en latín «¡Extra omnes!». En ese momento, las puertas se cierran de gol-

[6] «Ven Espíritu Creador, / visita las mentes de tus fieles, / llena de gracia divina / los corazones que tú has creado». Se trata de una de las oraciones más solemnes y antiguas del rito latino, atribuida al monje y teólogo Rabano Mauro en el siglo IX.

[7] Diego Giovanni Ravelli es el arzobispo italiano nombrado por el papa Francisco como maestro de las Celebraciones Litúrgicas Pontificias y ha creado un nuevo rito simplificado para los entierros de los papas.

pe con un fuerte estruendo y los ciento treinta y tres cardenales quedan aislados del mundo exterior para empezar sus deliberaciones. No pueden portar teléfonos ni dispositivos electrónicos. El mundo tiene que ignorar por completo sus deliberaciones y esperar con paciencia el anuncio de un nuevo papa.

La Ciudad del Vaticano parece estar de espaldas a los asuntos mundanos. Durante más de quinientos años, los papas han vivido entre los jardines y el complejo entramado de palacios, capillas y pasillos secretos. La bulliciosa ciudad de Roma, casi tres veces milenaria, donde las prisas, el sonido de los cláxones y las voces de los italianos contrastan con el silencio de las estancias vaticanas, no logra penetrar en las hermosas estancias decoradas por los artistas más importantes del mundo. Cinco mil periodistas, mil menos que en el anterior cónclave, esperan impacientes la noticia; saben que el nombramiento de un nuevo papa es el acontecimiento más importante de casi una década.

Los fieles, turistas y la prensa miran hacia el cielo de la Ciudad Eterna, pero no para contemplar las nubes cruzando la clara tarde de primavera, sino para intentar ser los primeros en observar la esperada fumata blanca, que asciende desde una estufa de la Capilla Sixtina y serpentea por los tejados hasta disiparse por completo. La multitud situada en la plaza de San Pedro va en aumento, como si la comunidad católica estuviera celebrando uno de los hechos más trascendentes de su fe. Religiosos de todos los continentes, monjas, laicos, familias enteras con sus hijos en los hombros, además de las cadenas de televisión y radio y los periódicos de todo el mundo esperan con una mezcla de ansiedad e intriga la aparición del nuevo papa en el balcón principal. Ahí se han instalado ya los inmensos cortinajes rojos, se han cubierto las columnas y se ha colocado el blasón de Pedro en fondo blanco, con las llaves doradas del cielo estampadas sobre él, pero cuando la fumata sale por fin blanca y la gente comienza a gritar «¡Habemus papam!», el elegido se recoge por unos momentos en la famosa Sala de las Lágrimas, donde se arrodilla ante Dios, temeroso por el inmenso trabajo que este le ha encargado. La expectación sigue creciendo, mientras los romanos corren hacia la plaza para ver la llegada del ducentésimo sexagésimo séptimo papa elegido en Roma. La ciudad ha visto pasar emperadores, el saqueo de los pueblos germánicos, el gobierno temporal de los papas, siempre amenazada por los turcos, los normandos, los diferentes imperios cristianos, la proclamación de la Nueva Italia, el surgimiento del fascismo, la ocupación nazi, la liberación aliada y la república, pero el hecho inmutable ha sido que un papa se ha sentado desde el comienzo de la Era Cristiana en la silla de Pedro.

Tras una hora de espera, que para muchos fieles y periodistas se hace interminable, las cámaras de medio mundo apuntan al balcón, hasta que aparece el cardenal protodiácono, Jean-Claude Hollerich, para anunciar el nombre del nuevo papa:

—*Annuntio vobis gaudium magnum: habemus papam.*[8]

La gente contiene el aliento, y cuando el cardenal protodiácono pronuncia el nombre que ha adoptado el nuevo

[8] «Les anuncio una gran alegría, tenemos papa».

papa y su nombre real, la expectación crece aún más, la gente ya no puede aguantar más y quiere ver el rostro del hombre que dirigirá la Iglesia más grande del mundo.

Unos minutos más tarde, se abre el cortinaje de nuevo para ver aparecer al nuevo papa, que saluda a la Iglesia católica en todo el mundo. El nuevo papa levanta la voz y pronuncia la bendición *urbi et orbi*. Mientras medio mundo observa desde las pantallas de sus televisiones y computadoras el rostro del nuevo papa, en la plaza de San Pedro el clamor es ensordecedor.

El nuevo papa, a diferencia del anterior, que salió al balcón con su hábito blanco y una cruz sencilla, sale vestido con los ornatos de su nueva condición. La sotana blanca como símbolo de pureza, paz, amor y resurrección, las virtudes que debe cumplir un nuevo pontífice; la estola de terciopelo burdeos con bordados en oro, que simboliza su oficio pastoral; el solideo blanco sobre su cabeza, que simboliza que solo a Dios corresponde la gloria, y el anillo del pescador con su nombre grabado, que representa la autoridad papal. En el cuello, la cruz dorada con cinco reliquias de santos y beatos agustinos.[9] De esta forma, el nuevo papa[10] quiere distanciarse de las formas del papa Francisco.

[9] La cruz fue un regalo especial de la curia general agustina al cardenal Robert Prevost en 2023, que simboliza el compromiso con Cristo y su misión espiritual. Está compuesta por las siguientes reliquias: de san Agustín de Hipona; de santa Mónica, madre de san Agustín; de santo Tomás de Villanueva, obispo de Valencia; del beato Anselmo Polanco, obispo de Teruel fusilado en 1939; y de Giuseppe Bartolomeo Menochio, obispo que se negó a jurar fidelidad a Napoleón.

[10] Anitta Ruiz, experta en imagen, comentó que el nuevo papa demostraba mucha personalidad al romper con las formas del anterior y recuperar las tradiciones litúrgicas de la Iglesia.

León XIV, el cardenal Robert Francis Prevost, con los brazos levantados, las palmas de las manos abiertas hacia la multitud, un rictus de nerviosismo en los labios, los ojos llorosos, pronuncia sus primeras palabras; la plaza de San Pedro se queda en silencio de repente, con la expectación de escuchar a ese hombre casi completamente desconocido y sobre el que casi nadie hablaba:

¡La paz sea con todos ustedes!

Queridísimos hermanos y hermanas: este es el primer saludo de Cristo Resucitado, el buen pastor que dio la vida por el rebaño de Dios. También yo quisiera que este saludo de paz entre en su corazón, alcance a sus familias, a todas las personas, allí donde estén, a todos los pueblos, a toda la tierra. ¡La paz sea con ustedes!

Esta es la paz de Cristo Resucitado, una paz desarmada y una paz desarmante, humilde y perseverante, que proviene de Dios, de Dios que nos ama a todos incondicionalmente. ¡Todavía conservamos en nuestros oídos aquella voz débil pero siempre valiente del papa Francisco que bendecía a Roma!

El papa que bendecía a Roma daba su bendición al mundo, al mundo entero, aquella mañana del día de Pascua. Permítanme que dé continuidad a aquella misma bendición: ¡Dios nos quiere bien, Dios nos ama a todos, y el mal no prevalecerá! Estamos todos en las manos de Dios.

Por lo tanto, sin miedo, unidos de la mano con Dios y entre nosotros, vayamos adelante: somos discípulos de Cristo, Cristo nos precede. El mundo tiene necesidad de su luz. La humanidad necesita de Él como puente para ser alcanzada por Dios y por su amor.

Ayúdense también ustedes, los unos a los otros, a construir puentes con el diálogo, con el encuentro, uniéndonos todos para ser un solo pueblo siempre en paz.

¡Gracias al papa Francisco! Quiero agradecer también a todos los hermanos cardenales que me han elegido para ser sucesor de Pedro y caminar junto a ustedes como Iglesia unida buscando siempre la paz y la justicia, tratando siempre de trabajar como hombres y mujeres fieles a Jesucristo, sin miedo, para proclamar el Evangelio, para ser misioneros.

Soy un hijo de san Agustín, agustino, quien ha dicho: «Con ustedes soy cristiano y para ustedes obispo». En ese sentido podemos caminar todos juntos hacia la patria que Dios nos ha preparado.

¡A la Iglesia de Roma, un saludo especial! Debemos buscar juntos cómo ser una Iglesia misionera, una Iglesia que construye puentes de diálogo, siempre abierta a recibir, como esta plaza, con los brazos abiertos a todos, a todos aquellos que tienen necesidad de nuestra caridad, de nuestra presencia, del diálogo y del amor.

[En original, en español] Y si me permiten también, una palabra, un saludo a todos aquellos [...], y en modo particular a mi querida diócesis de Chiclayo, en el Perú, donde un pueblo fiel ha acompañado a su obispo, ha compartido su fe y ha dado tanto, tanto, para seguir siendo Iglesia fiel de Jesucristo.

A todos ustedes, hermanos y hermanas de Roma, de Italia, de todo el mundo: queremos ser una Iglesia sinodal, una Iglesia que camina, una Iglesia que busca siempre la paz, que busca siempre la caridad, que busca siempre ser cercano, especialmente, a aquellos que sufren.

Hoy es el día de la Súplica a Nuestra Señora de Pompeya. Nuestra Madre María siempre quiere caminar con nosotros, estar cerca, ayudarnos con su intercesión y con su amor.

De este modo, querría rezar junto a ustedes. Recemos juntos por esta nueva misión, por toda la Iglesia, por la paz en el mundo, y pidamos esta gracia especial a María, nuestra Madre. Ave María.[11]

El papa León XIV era un desconocido para la mayor parte de los católicos y para el resto de los habitantes de nuestro planeta, por eso surgen muchas dudas, preguntas e incógnitas sobre el futuro de la Iglesia más grande y universal del mundo. ¿Será el papa León XIV capaz de abrir realmente la Iglesia católica al siglo XXI? ¿Se convertirá el nuevo papa en el primero en autorizar el matrimonio a los sacerdotes? ¿Mantendrá el papa León XIV su compromiso hacia los pobres, como lo hizo durante su ministerio en Perú? ¿Logrará mostrar una Iglesia más plural y menos eurocéntrica? ¿Revivirá a la Iglesia occidental, que no ha dejado de perder fieles desde los años setenta del siglo pasado? ¿Cómo ayudará a fomentar la paz en un mundo con numerosos conflictos abiertos y cada vez más polarizado? ¿Cuál será su actitud ante las nuevas identidades sexuales? ¿Logrará de nuevo atraer a los jóvenes a las iglesias? ¿Superará la crisis de vocaciones? ¿Permitirá un avance en el pa-

[11] Extraído *de El Debate*, 8 de mayo de 2025, <https://www.eldebate.com/religion/vaticano/20250508/lea-texto-integro-primer-discurso-papa-leon-xiv_295271.html>.

pel de la mujer en la Iglesia? ¿Convocará un nuevo concilio para efectuar los cambios? ¿Logrará transformar la imagen que hay en muchos países sobre la Iglesia de Roma como una institución anticuada, anacrónica y piramidal?

Para responder a estas y otras preguntas, intentaremos profundizar en la figura de uno de los hombres más poderosos del momento, que tendrá que lidiar con un mundo cambiante que parece marchar sin rumbo, envuelto en una profunda crisis de liderazgo político y moral.

La historia de Robert Francis Prevost, el primer papa estadounidense y el segundo americano, nos permitirá indagar en las influencias, los pensamientos y las ideas que le han llevado hasta su actual cargo, su formación como miembro de la orden agustina, las diferentes instituciones en las que ha estudiado y su grado en Ciencias Matemáticas. El papa León XIV, que ya ha manifestado su compromiso con el ecumenismo y la necesidad de «crear puentes»,[12] parece que seguirá la línea del anterior pontífice Francisco hacia otras confesiones; su diálogo con otras religiones y su voluntad de ayuda a los necesitados y estar del lado de la clase obrera, sin duda marcarán el cuarto pontificado del siglo XXI y del tercer milenio de la Era Cristiana.

Las primeras declaraciones del nuevo papa León XIV no dejan lugar a dudas sobre sus intenciones y sobre qué le llevó a adoptar su nombre:

> Precisamente, al sentirme llamado a proseguir este camino, pensé tomar el nombre de León XIV. Hay varias razones,

[12] Ya mencionaron estas palabras en su discurso de investidura.

pero la principal es porque el papa León XIII, con la histórica encíclica *Rerum novarum,* afrontó la cuestión social en el contexto de la primera gran Revolución Industrial, y hoy la Iglesia ofrece a todos su patrimonio de doctrina social para responder a otra revolución industrial y a los desarrollos de la inteligencia artificial, que comportan nuevos desafíos en la defensa de la dignidad humana, de la justicia y el trabajo.[13]

¿Será León XIV el papa de la nueva revolución industrial de la IA? ¿Logrará poner de nuevo la cuestión social en el debate de la Iglesia católica y el mundo?

[13] Discurso del santo padre León XIV al Colegio Cardenalicio, sábado 10 de mayo de 2025, <https://www.vatican.va/content/leo-xiv/es/speeches/2025/may/documents/20250510-collegio-cardinalizio.html>.

Parte I

EL PAPA PROFETIZADO

1

El niño de la profecía

> Cuando estaba en primer grado, una mujer que vivía al otro lado de la calle en la que solíamos jugar con los demás niños y otra que vivía más abajo en la misma calle dijeron que sería el primer papa estadounidense. Se lo dijeron en primer grado.[14]

Infancia en Chicago

La antigua parroquia de Santa María de la Asunción, ubicada en el extremo sur de Chicago, cerca de Dolton, era el centro de encuentro de las familias católicas de la zona. Corrían los años cincuenta, y hacía apenas un año que una joven pareja se había mudado al sur de Chicago. Querían trasladarse a una zona suburbana donde criar a sus futuros hijos.

[14] *People*, predicción de unas vecinas durante su infancia, 8 de mayo 2025, entrevista al hermano del papa León XIV, <https://people.com/pope-leo-xiv-brother-says-a-neighbor-once-predicted-robert-prevost-would-be-pope-11731436>.

Los únicos rasgos que tenían en común Louis Marius Prevost y Mildred Agnes Martínez eran su fe católica y su amor a la Iglesia.

Louis Marius Prevost era de ascendencia italiana por parte de padre, pero su madre era francesa. Ambos habían emigrado a Estados Unidos a principios del siglo xx y se habían conocido en Chicago. Jean Prevost, el abuelo del actual papa León XIV, era maestro de lenguas románicas, y su abuela ejercía como ama de casa.

Louis Marius Prevost se graduó en el Central YMCA College y se enroló como oficial en la Marina de Estados Unidos durante la Segunda Guerra Mundial. Corría el año 1943 y la victoria de los Aliados en dicho conflicto bélico todavía era incierta. Participó en varias batallas en el Mediterráneo y fue uno de los soldados estadounidenses que luchó en las costas de Normandía. Era uno de los oficiales encargados del desembarco de los tanques.

El 6 de junio de 1944 desembarcó con un grupo de marines bajo fuego enemigo y fue ascendido a teniente junior. También participó en la operación militar del sur de Francia denominada «Operación Dragoon».

La madre del actual papa, Mildred Agnes Martínez, provenía de una familia criolla que se había trasladado desde Nueva Orleans a Chicago, pero tenía ascendencia de varios países. Sus padres eran Joseph Norval Martínez y Louise Baquie. Joseph había nacido en Haití, era fabricante de puros y, según el registro de nacimiento, afroamericano. Louise Baquie era de familia criolla, con ascendencia española, francesa y africana, nacida en el distrito siete de Nueva Orleans, Luisiana.

Al poco tiempo de trasladarse de Nueva Orleans a Chicago, la familia tuvo a Mildred, la madre del papa, que nació el 4 de febrero de 1912 y fue bautizada en la catedral. Estudió Bibliotecología en la Universidad de Paul y se licenció en 1947.

Los padres se conocieron en el entorno de la Iglesia y contrajeron matrimonio el 25 de enero de 1949. Hacía años que había terminado la guerra, pero aún se podían ver algunas de sus secuelas en la sociedad estadounidense. Louis logró encontrar un buen trabajo como superintendente del Distrito Escolar Brookwood en Glenwood, Illinois. Y Mildred era bibliotecaria y participaba activamente en las actividades de la parroquia. Los dos miembros de la pareja eran catequistas.

Los hijos no tardaron en venir, primero Louis Martin Prevost, el hermano mayor, y después John Joseph Prevost, que nació dos años antes que el actual papa.

En los años cincuenta era normal que las familias acudieran a los servicios religiosos, pero los Prevost estaban especialmente comprometidos. La iglesia de Santa María de la Asunción se había fundado en 1886, pero hacia 1917 las dependencias se ampliaron con la construcción de una capilla más grande y una escuela. La iglesia fue fundada por treinta familias católicas de origen alemán, que pertenecían sobre todo a la industria ferroviaria y que pidieron al arzobispado que se fundara una parroquia en el barrio de Riverdale.

El papa León XIV creció en el nuevo edificio terminado en 1957, donde fue monaguillo y miembro del coro. También estudió, como sus hermanos, en la escuela parroquial.

Mildred era la presidenta de la Sociedad del Altar y el Rosario, participaba en el coro y fundó la biblioteca de la parroquia. Su marido, Louis, era catequista y enseñaba doctrina a jóvenes y adultos. Sería el que enseñaría los rudimentos de la fe a sus hijos.

Los tres hermanos fueron monaguillos y cantantes del coro; podían ir caminando hasta la iglesia desde su casa, que se encontraba a pocas manzanas.

Durante los años cincuenta y sesenta, la comunidad atravesaba una de sus mejores épocas y los feligreses participaban en un sinfín de actividades.

Los primeros años del actual papa se desarrollaron en la tranquila vida de los suburbios, en una casa de clase media.

Cuando Robert Francis Prevost vino al mundo el 14 de septiembre de 1955, la Guerra Fría se encontraba en su momento álgido, se acaba de firmar el Pacto de Varsovia, la guerra de Vietnam acababa de empezar, Argelia se estaba independizando de Francia y, aunque la guerra de Corea ya había terminado, había dejado una profunda huella en la sociedad estadounidense. En Hispanoamérica, las dictaduras oprimían y empobrecían a la mayor parte de la población, mientras que en Estados Unidos surgía el movimiento por los derechos civiles de la población negra. La detención de Rosa Parks en Montgomery por no querer levantarse de un asiento de un autobús hizo que estallara un movimiento de resistencia civil como nunca había habido en el sur de Estados Unidos. Mientras, la sociedad de consumo se encontraba en su mayor apogeo y en la radio comenzaba a escucharse *rock and roll*.

Todos llamaban Bob al hijo pequeño de los Prevost. Y muchos ya veían su vocación temprana por los asuntos relacionados con Dios.

Antes de comenzar la primaria, según su hermano John, Robert ya había manifestado que quería ser sacerdote. Utilizaba la tabla para planchar como altar y las galletas Necco como hostias consagradas.[15]

Uno de sus compañeros de clase en la escuela de Santa María de la Asunción lo llamaba «Holy»[16] ['Santo'] por su naturaleza bondadosa y tranquila. Siempre fue un chico más maduro que el resto y nunca dio problemas, ni siquiera durante la adolescencia.

El hecho más increíble de estos primeros años nos ha llegado por su hermano John, cuando contó que unas mujeres del vecindario le dijeron, cuando se encontraba en primer grado, es decir, con unos seis años, que iba a convertirse en el primer papa estadounidense.[17]

Al llegar a la adolescencia, su vocación religiosa, en lugar de disminuir, fue en aumento, hasta que tomó la decisión de ingresar en el Seminario Menor de San Agustín en Michigan en el año 1969, a la edad de 14 años.

[15] Ibídem.

[16] *People*, «Pope Leo's Childhood Friend Reveals the Fitting Name Everybody at School Used to Call Him» (Exclusive), 9 de mayo de 2025.

[17] *New York Post*, «Pope Leo XIV's neighbors predicted he would become first American pontiff when he was in kindergarten», 9 de mayo de 2025. «"The interesting thing is way back when he was in kindergarten or first grade, there was a parent, a mom, across the street — one across the street that way and another down the street", the newly elected pope's older brother John Prevost told WGN9 on Thursday».

El Seminario Menor de San Agustín

Robert llegó al Seminario Menor de San Agustín en Holland, Michigan, con apenas 14 años. Debió de resultarle difícil separarse de su familia y amigos para emprender esta aventura de la fe. La escuela, que cerró en 1977, estaba enfrente del lago y tenía unas vistas espectaculares, pero era un lugar solitario para un adolescente que estaba en plena efervescencia.

A comienzos de los años setenta, en el seminario todos se conocían, eran como una pequeña familia. Las aulas ya no estaban tan llenas como un par de décadas antes. Por eso es normal que sus compañeros lo recuerden muy bien.

El joven Prevost destacó enseguida por su excelencia académica y su capacidad de liderazgo. Se convirtió en el editor en jefe del anuario escolar, vicepresidente del consejo estudiantil y delegado de clase durante su último año en 1973.

Bob, como lo llamaban sus amigos, parecía inagotable. Participaba también en otras actividades, como el club de misiones, el club de la biblioteca, en el coro y en el teatro de lectores.

Seguía siendo el mismo chico educado que nunca daba problemas. Sus compañeros lo describen como una persona amable, inteligente y siempre dispuesta a ayudar a todo el mundo.[18]

[18] Stechchulte, Michael, «High School classmate recalls new pope as smart, caring and humble class leader», *Detroit Catholic*, 9 mayo de 2025.

El padre Becket Franks, un monje benedictino, coincidió con él en su última etapa en el seminario. Comentaba que la escuela era pequeña: apenas unas sesenta y cinco personas asistían a ella.

Bob era muy inteligente, se metía en todo y parecía saberlo todo, de manera que sus compañeros pronto se convirtieron en sus primeros admiradores.

El joven seminarista dominaba el francés después de tan solo dos años de estudiarlo y ayudaba a sus compañeros con la materia. Enseguida se corrió la voz de que si no sabías algo y necesitabas ayuda o consejo, tenías que ir a ver a Bob.

En los últimos años llegó a ser miembro de la Sociedad Nacional de Honor de San Agustín y senador del Congreso Estudiantil de Lansing, pero a pesar de destacar tanto, no levantaba envidias. No era el típico matado, tenía buen humor, le gustaban los chistes y siempre parecía sosegado y amable. Algunos lo consideraban algo irónico, pero siempre con discreción y una sonrisa en los labios.

Franks lo visitó años más tarde y Bob lo saludó con una sonrisa y le presentó al nuncio. Su cargo no se le había subido a la cabeza, seguía siendo una persona humilde y accesible. El monje benedictino lo describió como un hombre humilde, directo, con los pies en la tierra, además de alguien que defendería la doctrina social de la Iglesia, en especial a los inmigrantes y a los trabajadores.[19]

En su etapa en el seminario aprendió a vivir en comunidad y la importancia de la oración y el estudio. También le enseñaron a trabajar con las manos y a ser, en la medida

[19] Ibídem.

de lo posible, autónomo, lo que incluía desde la recolección de productos de la huerta hasta la producción de jarabe de maple.

En 1973, tras completar sus estudios con éxito, se graduó y continuó su formación académica en la Universidad Villanova.

2

Vocación y formación

Dios nos quiere bien, Dios nos ama a todos, y el mal no prevalecerá.[20]

El joven Prevost quería seguir formándose. Se le daban muy bien las matemáticas y decidió estudiar una licenciatura en la Universidad Villanova.

La universidad contaba con un hermoso campus fundado en 1842 por la Orden de los Agustinos y estaba ubicada en Radnor Township, Pensilvania. Era una de las universidades católicas más antigua del estado. Estaba dedicada al santo agustino Tomás de Villanueva, un arzobispo del siglo XVI. El lema por el que se regía la entidad era *Veritas, Unitas, Caritas* [Verdad, Unidad, Caridad]. Fomentaba el pensamiento crítico, pero también el amor y el servicio a los demás.

[20] León XIV, en su primer discurso como pontífice, *Forbes*, <https://www.forbes.com/sites/tylerroush/2025/05/08/evil-will-not-prevail-robert-francis-prevosts-first-speech-as-pope-leo-xiv/>.

Durante su etapa universitaria se dedicó a las matemáticas, pero en esos cuatro años también estuvo valorando si realmente lo movía la vocación religiosa o se convertiría en un laico comprometido.

El nuevo estudiante residió en el St. Mary's Hall, un seminario ubicado en el campus de la universidad, donde enseguida hizo nuevos amigos que admiraban su compañerismo, su humildad, su inteligencia y su fe.

Uno de sus compañeros de clase y dormitorio, William Lego, que luego sería reverendo, comentó que Bob creó el club provida de la universidad llamado Villanovans Life. Lego también recordaba la facilidad de Prevost para el estudio.

El coordinador de futbol y basquetbol de la universidad, el reverendo Robert Hagan, recuerda al joven estudiante como una persona brillante, elocuente y con una gran capacidad oratoria. Una persona cercana y amigable en la que todos confiaban.[21] Hagan recibió una felicitación de Robert cuando lo nombraron prior provincial, pese a que llevaban muchos años sin verse.

En 1977 se graduó en Ciencias Matemáticas con una especialización en Filosofía. No lo pensó demasiado y unos meses después ingresó en el noviciado de la Orden de San Agustín, en la provincia de Nuestra Señora del Buen Consejo de San Luis, Misuri. Allí residió en la iglesia de la Inmaculada Concepción, ubicada en el barrio de Compton Heights.

[21] *New York Post*, «Long before he was pope, Leo XIV was a skinny Villanova undergrad figuring out "do you want to live this life"», 10 de mayo de 2025, <https://nypost.com/2025/05/10/world-news/pope-leo-still-has-a-lot-of-love-for-his-alma-mater-villanova/>.

Mientras era novicio, profundizó en la espiritualidad agustiniana y en la figura del hombre que había inspirado la orden, san Agustín. Prevost nunca ha contado en público que sintiera un momento especial de llamada para dedicarse al pastorado y al sacerdocio. Desde niño siempre tuvo presente que dedicaría su vida a esos menesteres, y solo fue dando los pasos necesarios, mostrando una vocación progresiva más que una llamada puntual. Su amor por las misiones ya era patente desde su niñez, y así mostraba su sólida fe y su amor por la gente.

Tras completar su primer año, se mudó a Chicago e hizo sus primeros votos el 2 de septiembre de 1978. El 29 de agosto de 1981 pronunció los votos solemnes que lo convertirían en sacerdote.

Mientras avanzaba en su compromiso eclesiástico, daba clases de Matemáticas y Física en la escuela secundaria de Santa Rita de Casia de Chicago.

En 1982 obtuvo una maestría en Divinidad en la Unión Teológica Católica de Chicago, y ese mismo año, el 19 de junio, fue ordenado sacerdote por el arzobispo Jean Jadot en la iglesia de Santa Mónica del Colegio Internacional de los Agustinos en Roma. En esos momentos se encontraba en la capital italiana estudiando Derecho Canónico en la Universidad Pontificia de Santo Tomás de Aquino. Era su primer contacto con la Ciudad Eterna.

El *Angelicum*, que es como se conoce comúnmente a esta universidad, está dirigido por la Orden de los Predicadores, los padres dominicos, y es la universidad pontificia más prestigiosa de Roma. Fue fundada en el siglo XIII, y en 1906, el antiguo *studium conventuale* medieval recibió el título de pontificio por el papa Pío X, y más tarde el papa Juan XXIII le concedió el rango de universidad pontificia.

Durante esta etapa, el joven Prevost pudo formarse en una de las universidades de élite de la Iglesia católica. Sin duda estaba siendo instruido para alcanzar los más altos cargos eclesiásticos. Sus anteriores profesores habían visto algo especial en él. Esta etapa lo ayudó a profundizar en su fe, pero sobre todo a tener una visión más amplia de la Iglesia católica y de su funcionamiento.

Uno de sus compañeros en ese periodo, monseñor Alberto Bochatey, describió a Robert como un verdadero hermano dentro de la orden, que destacaba por su humildad y disposición para servir, al que no le importaba hacer tareas cotidianas en el comedor o la cocina.[22]

Bochatey, que ejerció como obispo en Argentina, también comentó que el nuevo papa era uno de los mejores alumnos y por eso logró doctorarse tan joven en Derecho Canónico. Lo calificó como un hombre de Dios por su vocación, pero también de carácter afable y simpático.

El papa Francisco tenía en gran estima a Robert, y por eso lo eligió para desempeñar misiones de gran relevancia. Más adelante veremos hasta qué punto ha influido el anterior papa en la elección de León XIV.

[22] Jara, Fernanda, «La historia detrás del día en que el papa León XIV visitó Argentina: el testimonio de su amigo», *Infobae*, 9 de mayo de 2025, <https://www.infobae.com/sociedad/2025/05/08/la-historia-detras-del-dia-en-que-el-papa-leon-xiv-visito-el-pais-el-testimonio-de-su-amigo-argentino/>.

El obispo Bochatey lo describió también como un gran líder espiritual, pero de carne y hueso, honesto, sin dobleces y un gran amigo.

Entre las aficiones del nuevo papa están jugar ping-pong, comer pizza y conducir automóviles, todos ellos hábitos muy estadounidenses. Además de estas cualidades y aficiones, Prevost es un hombre afable, sabe escuchar y es muy profundo.

Con tan solo 27 años, el joven Robert ya tenía una licenciatura en Derecho Canónico y un doctorado. Había estado toda su vida formándose, pero estaba deseoso de poner en práctica su vocación.

En 1985, cumpliendo uno de sus sueños, fue enviado a Chulucanas, una ciudad peruana del departamento de Piura, en calidad de misionero agustino para convertirse en vicario parroquial. Acababa de cumplir 30 años y era uno de los sacerdotes más preparados de su generación, pero ahora necesitaba bregarse en el trabajo pastoral y la ayuda a los más necesitados, y conocer de primera mano la realidad de un mundo sufriente.

3

Perú en el corazón

> Un saludo a todos aquellos [...], y en modo particular a mi querida diócesis de Chiclayo, en el Perú, donde un pueblo fiel ha acompañado a su obispo, ha compartido su fe y ha dado tanto, tanto, para seguir siendo Iglesia fiel de Jesucristo.[23]

La Orden de San Agustín mandó al nuevo papa a Perú como misionero. Esa labor la realizaría tras haber ingresado en la provincia de Nuestra Señora del Buen Consejo, con sede en San Luis, Misuri. Su labor misionera incluía favorecer la presencia de la orden en el país sudamericano y apoyar a las parroquias de la zona.

Los que lo conocieron en esa etapa, aparte de destacar su juventud, coincidían en describirlo como una persona humilde y siempre dispuesta a ayudar a todo el mundo.

[23] *El Debate*, 8 de mayo de 2025, art. cit.

En varios desastres naturales, su ayuda se amplió incluso a los trabajos físicos y pesados. Cuando había que echar una mano, era el primero en ofrecerse.

En este primer periodo en Chulucanas, Prevost se dio cuenta de lo diferente que era ese mundo al que él había conocido en su país natal. La ciudad se encuentra en la región de Piura, ubicada en el norte de Perú, con una rica tradición cultural y una agricultura pujante, sobre todo en la producción de limones, por lo que es conocida como la capital del limón.

A pesar de la riqueza de la zona, Chulucanas, como muchos otros lugares de Latinoamérica, padece una pobreza endémica, que es la causa principal de que gran parte de la población no tenga acceso a los servicios básicos y sea muy vulnerable a los desastres naturales.

La Iglesia católica lleva desde los años sesenta desempeñando un papel muy importante en la zona. Los misioneros agustinos llegaron en 1960, abrieron varias parroquias y se dedicaron, al menos al principio, a la educación. Para ello abrieron varias escuelas. Junto a la labor educativa, los agustinos se han dedicado a desarrollar programas de igualdad social y a atender a los más necesitados.

El actual papa desempeñó la labor de vicario parroquial. Para ello intentó integrarse, aprender mejor el idioma, vivir junto a sus feligreses e involucrarse en su vida cotidiana. Robert promovió varios proyectos para mejorar la vida de los más pobres. Verlo subido en un caballo blanco para visitar las comunidades se convirtió en una estampa habitual debido a la falta de carreteras, así que era la única forma de acceder a ellas.

En la época en que Prevost ejerció su labor misionera, el terrorismo era una lacra en la región, principalmente debido a la presencia de Sendero Luminoso, lo que favorecía un clima de violencia, conflictos, corrupción, pobreza y pandemias.

Pero además de todo ese sufrimiento, el papa tuvo ocasión de conocer la capacidad de resiliencia del pueblo peruano, su solidaridad y apoyo mutuo. Muchas veces, los que van a enseñar regresan transformados por esas realidades tan duras, y tras haber aprendido la lección del apoyo mutuo y el amor que abunda en tantas de esas comunidades.

Robert pudo aplicar en tierras peruanas uno de los principios que caracterizan a la Orden de los Agustinos: «Aquí se destierra el egoísmo». El papa puedo empatizar con «los últimos», los que no cuentan, los desheredados, porque convivió codo con codo con ellos.

Al llegar a Chulucanas, se adaptó a su pequeña habitación, que contaba con apenas una cama y un escritorio. Pasó de la suntuosa Roma al humilde Perú.

Uno de los ahijados del papa, José Félix Ruiz Espinosa, contó que el joven misionero los apadrinó a su hermana y a él. La madre de José Félix admiraba mucho al nuevo misionero por su humildad y por su servicio a la comunidad.

Otro de los ahijados, Mildred Camacho, atesora recuerdos muy bonitos de las vivencias del papa en la ciudad y su ayuda a la gente. La joven Mildred lleva el nombre de la madre de Prevost por el amor que la familia le tenía al misionero agustino.

Patricio Campo, rector de la Universidad Católica Santo Toribio de Mogrovejo, recuerda que el nuevo papa solía recorrer las provincias para conocer de primera mano la realidad y atender las urgencias, pero sobre todo destaca su cercanía con la gente y su servicio, especialmente a los más vulnerables.[24]

Otros feligreses de aquella época destacan su sentido del humor y su capacidad para conectar con la gente.

El seminarista se había convertido en pastor, pero llegó el momento de regresar a Estados Unidos para dedicarse a la labor de promotor de vocaciones, en una época en que estas comenzaban a escasear más que nunca. También dirigió las misiones de Nuestra Señora del Buen Consejo.

De vuelta a casa

En 1987 regresó a Estados unidos y se estableció en Olympia Fields, Illinois. Fue nombrado director de misiones y promotor de las nuevas vocaciones. Sin duda era un ascenso en su carrera religiosa, pero aquella labor difería mucho de la que había ejercido durante su etapa en Perú.

Prevost siempre ha sido un hombre muy consciente de su deber de cumplir con el voto de obediencia a sus superiores, aunque a veces no comprendiera bien las órdenes.

La labor de promover las vocaciones era vital. Debía estar muy atento a aquellos jóvenes que se mostraran interesados

[24] TVPe Noticias, «Papa León XIV: testimonio de quienes lo conocieron de cerca en el Perú», 8 de mayo de 2025, <https://tvperu.gob.pe/noticias/internacionales/papa-leon-xiv-testimonios-de-quienes-lo-conocieron-de-cerca-en-el-peru>.

en el servicio a los demás. Su trabajo se desarrolló en la Facultad del Noviciado Agustino en Oconomowoc, Wisconsin.

También había regresado a Estados Unidos para defender su tesis doctoral, lo que significaba el final de su etapa de formación. La orden veía en él muchas cualidades y quería que pudiera desarrollarlas en casa.

No obstante, Robert nunca perdió el vínculo con Perú y, desde la lejanía, apoyó con vehemencia los diversos proyectos destinados a la región. Dos años después, estaba de nuevo en el que sería su país de adopción.

Tras su vuelta, se enfocó principalmente en la formación, una de las tareas que más le gustaban. Aunque en Sudamérica las vocaciones no han decaído tanto como en Estados Unidos y Europa, él era consciente de que el mayor problema para las vocaciones era la falta de formación.

Se instaló en la ciudad de Trujillo para alentar desde allí las vocaciones de Chulucanas, Iquitos y Apurímac.

Trujillo

La localidad de Trujillo está ubicada en la costa norte de Perú y es la capital del departamento de La Libertad. Es una de las ciudades más pobladas del país, con los problemas sociales y de desigualdad que eso conlleva. Muchos la conocen como la Ciudad de la Eterna Primavera, en contraste con el clima siempre gris de la capital, Lima.

La primera labor de Robert fue dirigir el proyecto de formación conjunta para sacerdotes. Y lo haría como prior de la orden (1988-1992), a pesar de su juventud, como director de formación (1988-1998) y como vicario judicial (1989-1998), además de ser profesor de Derecho Canónico y maestro de profesos. No le quedaba demasiado tiempo para sus aficiones, pero el papa siempre ha sido un trabajador inagotable.

Durante este periodo fundó dos nuevas parroquias en la ciudad, Nuestra Señora de Montserrat y Santa Rita de Casia. Esto permitió un mayor desarrollo de la orden agustina en la región.

Eran tiempos en los que Robert compaginaba la formación con su labor de pastorado. Los feligreses y sus alumnos destacaban su capacidad para conectar con las personas y su cercanía.

Patricia Campos, la rectora de la Universidad Católica Santo Toribio de Mogrovejo, destacó de él su capacidad de liderazgo en esta etapa y su cercanía. Él fue el pastor que guio sus pasos y le insufló la energía para cumplir sus sueños de estudiante.[25]

Otra de las personas que lo conoció, Janinna Nataly Sesa Córdova, que dirigía Cáritas entonces, comentó que en 2020, durante la epidemia del COVID, el actual papa se encargó de enviar tanques de oxígeno a la zona para salvar vidas. A Janinna le impresionó la capacidad del nuevo papa para transmitir esperanza, algo poco común en esos tiempos tan oscuros.

[25] Ceballos Morón, Jair, «La huella de León XIV en el Perú: cinco testimonios del papa en el país», RPP, 9 de mayo de 2025, <https://rpp.pe/peru/actualidad/la-huella-de-leon-xiv-en-el-peru-cinco-testimonios-que-recogen-los-pasos-del-papa-en-el-pais-noticia-1633579>.

El padre Pablo Larrán, uno de los amigos personales del papa León XIV, cuenta que en 1985 ya se sentía tan identificado con Perú, que le dijo que quería nacionalizarse. No lo logró hasta 2015, pero el sacerdote quedó impresionado por esa manera que tenía Robert de identificarse con el pueblo al que servía.

El vicario general del Obispado del Callao, monseñor Juan de Dios Rojas, siempre admiró su gran capacidad para ponerse en la piel de los feligreses. Sabía cómo ganárselos y era un gran conversador. Monseñor entendió que el nuevo papa tenía un gran corazón pastoral y disfrutaba realizando su labor misionera.

Otra de las personas que lo conoció bien durante su etapa en Perú fue Rafael Hernández Hart, el rector de la Universidad Antonio Ruíz de Montoya, quien, tras conocer la noticia de que su amigo se había convertido en papa, comentó que la Iglesia había dejado de ser un poco menos eurocéntrica y más universal, y que Robert traería una Iglesia más abierta al resto del mundo.

Prior provincial de Chicago

Después de una década ininterrumpida en Perú, su orden lo llamó de nuevo a Estados Unidos. Su fama y su liderazgo se habían extendido entre los agustinos estadounidenses y fue nombrado prior provincial de Chicago en el año 1998, aunque no asumió el cargo hasta marzo del año siguiente.

El ascenso colocaba a Prevost por primera vez en un cargo prominente dentro de la orden, la verdadera prueba de fuego para demostrar su humildad y talante: cuando alguien alcanza un cargo importante es cuando de verdad se demuestra su talante.

Otorgarle el puesto como prior general ordinario de la Orden de San Agustín para el Medio Oeste a Prevost se decidió en apenas veinte minutos. Todos tenían claro que era la persona indicada por su talente y su capacidad de dirección.

En ese periodo sucedió un evento que lo afectaría años después. En el año 2000, cuando los casos de pederastia en Estados Unidos comenzaban a hacerse más públicos, autorizó a James Ray, sacerdote agustino, a residir en el monasterio de San Juan Stone, aunque bajo supervisión. Muchos vieron en esta decisión una negligencia, ya que el monasterio estaba al lado de un colegio y Ray había sido acusado de abusos sexuales a menores. El sacerdote fue trasladado a otro lugar en 2002, cuando las medidas contra este tipo de actos comenzaron a perseguirse con más rigor.

Tras su labor como prior provincial, fue elegido como prior general de la orden, el cargo más importante de los agustinos, a partir de 2001, y estuvo en el cargo hasta 2013 porque fue reelegido en 2007. Esto le permitió viajar por todo el mundo para conocer de primera mano la situación de las comunidades agustinas en diferentes países.

El nuevo cargo también le permitió tener una visión más global de la Iglesia y comprender la diferentes realidades y contextos que tenían lugar en su seno.

Entre los países que visitó, destacan España, donde estuvo en varias ocasiones: visitó localidades como Sevilla, Ávila, Palencia, León, Valladolid, Málaga, Salamanca y Madrid.

El secretario general de la Orden de San Agustín lo describió como «tranquilo, sereno y conciliador». Un hombre dialogante y contrario a los castigos, pero que no dudaba en tomar decisiones difíciles en los momentos oportunos.[26]

En uno de sus viajes a España, la directora de la comunidad de agustinos de Huelva recuerda que hizo una broma al ver una muñeca vestida de postulante y dijo: «Qué monja tan chica», lo que provocó la risa entre las hermanas.

El prior de los agustinos de Málaga, Agustín Herrero, comentó que al nuevo papa se lo habían llevado a Roma porque tenía el don de escuchar a las personas y de hacer que estas se sintieran escuchadas.

De esta etapa, muchos resaltan su prudencia, su capacidad para aceptar consejos y su disposición al diálogo.

Su impronta comenzaba ya a notarse, y no tardó mucho en llamar la atención del hombre más poderoso de la Iglesia en ese momento.

[26] Martín-Arroyo, Javier, «La impronta que el nuevo papa dejó en España: "Es muy cercano y a la vez tímido, de los que te miran a los ojos"», *El País*, 9 de mayo de 2025, <https://elpais.com/internacional/2025-05-09/la-impronta-que-el-nuevo-papa-dejo-en-espana-es-muy-cercano-y-a-la-vez-timido-de-los-que-te-miran-a-los-ojos.html>.

4

El ascenso

Con ustedes soy cristiano y para ustedes obispo.[27]

Tanto dentro como fuera de la Orden de los Agustinos comenzaron a ver la capacidad de Prevost y empezaron a promocionarlo para que ocupara cargos de mayor responsabilidad. Perú era el lugar natural para que se dedicara a la Iglesia, pues conocía muy bien las necesidades del país y de las comunidades con las que había convivido.

Una de las personas que se fijó en él fue el propio papa Francisco. Cuando apenas llevaba un año en el cargo, le propuso a Robert ser el administrador de la diócesis de Chiclayo y ser obispo titular de Sufar.

Ambos personajes comparten varios rasgos: además de provenir del mismo continente, su visión hacia las comuni-

[27] León XIV, citando a san Agustín en su primer mensaje como papa, NPR, art. cit.

dades más pobres era muy similar. Su enfoque en la justicia social y su visión de la Iglesia coincidían notablemente. A partir de ese momento, el papa Francisco se encargó de que Robert fuera ocupando puestos cada vez más importantes en la jerarquía católica, preparando su camino para que se convirtiera en cardenal y, más tarde, en el primer papa estadounidense.

El obispado

Robert siempre había sido un hombre dedicado a su labor misionera, pero sus diferentes cargos lo habían mantenido alejado de Perú y de su compromiso con los más necesitados.

El 3 de noviembre de 2014, a la edad de 59 años, el papa Francisco nombró a Prevost como administrador apostólico de la diócesis de Chiclayo y obispo titular de Sufar. El nombramiento se completó con su consagración el 12 de diciembre de ese mismo año en la catedral de Chiclayo, llevada a cabo por el nuncio apostólico James Patrick Green. Con este cargo, la influencia de Robert Francis Prevost ya trascendía a su propia orden agustina.

El 26 de septiembre del 2015 fue nombrado obispo residencial de Chiclayo y se convirtió en ciudadano peruano.

Según el concordato de la Iglesia católica y el gobierno de Perú, todos los cargos eclesiásticos importantes deben tener la nacionalidad del país. Robert ya había hablado de su intención de pedir la nacionalidad, pero para ocupar ese nuevo cargo fue una condición imprescindible.

El obispado en Chiclayo duró desde 2015 hasta 2023. Como Prevost ya conocía bien el terreno, se movió con normalidad entre las comunidades.

Su impronta, que podrá también plasmar desde su puesto como papa, fue promover la justicia social entre las comunidades, formar a nuevos sacerdotes, educar en valores cristianos a las comunidades, fomentar la ecología y luchar contra el cambio climático. Como vemos, muy en la línea de las políticas del papa Francisco.

La simbiosis con Chiclayo ha sido tal que, durante su discurso tras asumir su cargo papal, pidió a los fieles que le escuchaban en la plaza de San Pedro que le permitieran hablar en español y no en su idioma materno, para dirigirse a los miembros de su querida diócesis de Chiclayo.

El nuevo papa estaba muy integrado en su país de adopción. Durante su estancia en Chiclayo pudo dedicarse a sus partidos de tenis para mantenerse en forma, disfrutar conduciendo su coche y comer en algunos de los locales de la ciudad.

Era muy común verlo arriba de su camioneta blanca por el centro de la ciudad para ayudar a los afectados por las inundaciones, por ejemplo. Era un hombre siempre dispuesto, para el que no existía la palabra *imposible*, que sabía conseguir los recursos para atender a su comunidad. «No tenía chofer y llevaba siempre el coche lleno de bolsas con comida para la gente», comentó el obispo Castillo, que lo conoció bien durante esa etapa.

Le gustaba también la música local criolla y conocía canciones clásicas como *Mi Perú* o *Alma, corazón y vida*. Le encantaba el cebiche, las tajadas de plátano con cerdo frito y papas y el frito chiclayano con salsa de cebolla, aunque su plato preferido era el chicharrón de pollo frito con salsa casera.

No faltaron los conflictos con algunos dirigentes políticos, como cuando se quejó por el indulto en 2017 al expresidente Alberto Fujimori, al que le exigió que pidiera perdón a las víctimas de las poblaciones indígenas que sufrieron el ataque de los escuadrones de la muerte bajo su mandato. En 2023, también protestó firmemente por las muertes tras las manifestaciones por la difícil situación económica y política que atravesaba el país.

La carrera de ascenso en la jerarquía eclesiástica de Prevost apenas acababa de empezar. En apenas una década pasó de ser prior de la Orden de los Agustinos y luego obispo de una diócesis apartada de Perú, al importante cargo de ser miembro del Dicasterio para el Clero, un puesto que le permitiría conocer a cientos de sacerdotes y a muchos obispos y cardenales.

El hombre de Francisco

El Dicasterio para el Clero, o Congregación para el Clero, tiene su sede en el Palazzo delle Congregazione, en la plaza Pío XII, muy cerca a de la plaza de San Pedro. En ese mismo edificio se concentran la mayoría de las congregaciones de la curia romana.

Antes denominado *Sacra Congregatio cardinalium Concilii Tridentini Interpretum*, la finalidad del dicasterio era poner en práctica e interpretar las decisiones del Concilio de Trento. La congregación se mantuvo varios siglos, hasta que el papa Pablo VI la convirtió en 1967 en la Congregación para el Clero, con la función de fomentar la relación con los sacerdotes y otros religiosos que mantienen su estado clerical tras abandonar sus votos. Benedicto XVI amplió sus funciones incluyendo la dirección de los seminarios en 2012.

Prevost fue nombrado miembro de la Congregación para el Clero el 13 de julio del 2019. No era la congregación más poderosa ni prestigiosa de Roma, pero sí un primer paso para darse a conocer al resto de la curia romana.

Francisco estaba confirmando la capacidad del obispo para organizar la educación a los sacerdotes diocesanos, como ya había hecho durante etapas anteriores en su misma orden. Los agustinos siempre han tenido una gran vocación educativa desde su fundación en 1244, apoyados en la regla creada por san Agustín, uno de los padres más importantes de la Iglesia.

Francisco necesitaba que personas de confianza ocuparan las congregaciones para que implementasen los cambios que él quería para la nueva Iglesia. Algunos de los temas candentes en aquel momento eran los casos de pederastia, que habían hundido al papado de Benedicto XVI y que tan mal se habían gestionado en el pasado.

El periodista Pedro Salinas, famoso por investigar casos de pederastia dentro de la Iglesia, reconoció que la actitud de Prevost fue siempre ponerse del lado de las víctimas, lo cual consolidó la opinión que el papa Francisco tenía sobre él.

Cuando la sede del administrador apostólico de la diócesis del Callao quedó vacante, el papa se la ofreció al obispo: tenía que liderar la diócesis temporalmente, hasta la búsqueda de un nuevo obispo.

El siguiente paso fue el nombramiento de Prevost como miembro de la Congregación para los Obispos en noviembre de 2020. Este puesto era de gran responsabilidad, ya que es donde se gestionan los nombramientos de los obispos a nivel mundial. Desde la congregación se proponen a los nuevos cargos, que el papa tiene que ratificar. Otra de sus funciones es organizar las visitas quincenales que los obispos deben realizar a Roma para informar al papa del estado de la Iglesia.

La congregación también organiza toda la formación para los nuevos obispos, por lo que el actual papa León XIV se convirtió en una figura clave dentro de la curia, ya que la mayoría de los obispos y gran parte de los cardenales lo conocían.

Una de las directrices en la que el papa Francisco hizo hincapié fue que buscaran perfiles más pastorales y pusieran el énfasis en la cercanía a la gente.

El otro cargo relevante que le otorgó un gran poder dentro de la Iglesia en Hispanoamérica fue la presidencia de la Pontificia Comisión para América Latina. Además de estos cargos, también supervisaba Cáritas Perú, era miembro de la Conferencia Episcopal de Perú y llevaba la Comisión de Educación y Cultura.

El papa Francisco tuvo una reunión privada con Prevost en marzo de 2021;[28] aunque no se sabe de qué habla-

[28] *Vatican News,* 1 de marzo de 2021, <https://press.vatican.va/content/salastampa/en/bollettino/pubblico/2021/03/01/210301a.html>.

ron, seguramente fue sobre su papel en los nuevos cargos, y el papa debió de transmitirle su visión de la Iglesia y los cambios que quería que se produjeran.

Mientras Robert seguía ascendiendo en la jerarquía, la llegada al poder en Perú de Dina Boluarte trajo una nueva etapa de inestabilidad al país. Un estallido social, las protestas generalizadas y la violencia desatada produjeron diez víctimas mortales.

Las lluvias torrenciales en Perú durante 2023 también lo tuvieron muy ocupado, intentando gestionar la ayuda para los damnificados.

Participó activamente en la supervisión de cargos de abusos en Perú y animó a las víctimas a denunciar, pero la Red de Sobrevivientes de Abusos Sexuales por Sacerdotes acusó a Prevost de encubrir casos de abusos durante su periodo como provincial de los agustinos.

Durante el año 2023, Robert tuvo que hacer frente a muchas situaciones difíciles en Perú. Ese mismo año, como ya mencioné, el papa Francisco lo nombró prefecto del Dicasterio para los Obispos y fue nombrado arzobispo *ad personam*, un cargo que le permitía supervisar el nombramiento de los obispos a nivel mundial, con lo que adquirió el profundo conocimiento de la situación de la Iglesia católica en todos los países y continentes.

En sus primeras declaraciones tras asumir los nuevos cargos, comentó: «El obispo no debe ser un administrador frío, sino alguien que transmita la alegría de la fe y la cercanía del Evangelio».[29]

[29] *L'Osservatore Romano*, mayo de 2023.

Como arzobispo *ad personam*, el papa Francisco lo reconocía como uno de los principales servidores de su papado. Aunque eso no le otorgaba el poder sobre una arquidiócesis, a partir de ese momento tuvo el tratamiento y llevó los hábitos de arzobispo. Únicamente le quedaba un paso para convertirse en cardenal, el cargo eclesiástico con más poder e importancia dentro de la curia de Roma después del papa.

Cardenal

El joven estadounidense y misionero agustino, al que le habían profetizado de niño que se convertiría en el primer papa estadounidense, estaba más cerca de conseguirlo. La salud del papa Francisco iba empeorando paulatinamente a medida que iba cumpliendo más años, mientras que Prevost recibía cada vez más honores.

Robert fue galardonado con la Medalla de Oro de Santo Toribio de Mongrovejo por parte de la Conferencia Episcopal Peruana.[30]

Antes de terminar el año 2023, ya ejercía cargos en el Dicasterio para la Evangelización, en el Dicasterio para la Doctrina de la Fe, en el Dicasterio para las Iglesias Orientales y en el Dicasterio para los Institutos de la Vida Consa-

[30] Conferencia Episcopal Peruana, «El día que el papa León XIV recibió la medalla de oro del Episcopado Peruano», 11 de mayo de 2025, <https://noticias.iglesia.org.pe/mons-robert-prevost-arzobispo-ad-personam-recibe-la-medalla-de-oro-de-santo-toribio-de-mogrovejo-del-episcopado-peruano/>.

grada, entre otros. Era uno de los hombres que más cargos ostentaba en Roma y que más influencia tenía en el papa Francisco.

El cargo clave para el control de la política vaticana estaba aún por llegar: el papa Francisco lo nombró miembro de la Comisión Pontificia para el Estado de la Ciudad Vaticana. Dicha comisión tenía como finalidad ser el área legislativa del Vaticano. De hecho, su presidente es también el jefe de gobierno del Vaticano, cuyo cargo suele durar cinco años.

Prevost ya había estado en casi todas las congregaciones importantes, conocía la Iglesia católica como nadie y se manejaba muy bien dentro del Vaticano, pero curiosamente nunca salía entre los nombres para sustituir al papa Francisco cuando falleciera. Solo un hombre parecía hacerle sombra y tener más poder que él.

A medida que la salud del papa se deterioraba, en muchos de los corrillos el nombre que siempre se oía era el de Petro Parolin, cardenal desde 2013, justo después de la llegada del papa Francisco al trono de San Pedro.

Prevost fue nombrado como cardenal-obispo el 6 de febrero de 2025, además de otorgarle el cargo de obispo titular de la diócesis suburbicaria de Albano.

La nueva diócesis que tenía que supervisar el cardenal Prevost estaba cerca de Roma, para que no tuviera que alejarse demasiado del centro del poder, ya que ostentaba numerosos cargos.

Una de las polémicas que surgió tras su nombramiento de cardenal fue la rapidez de su ascenso: en septiembre de 2023 fue nombrado cardenal diácono, un cargo inferior previo a convertirse en cardenal, y menos de un año después ya era cardenal.

El monaguillo de Chicago se había convertido en el hombre más poderoso de la Iglesia católica a los 69 años. No estaba entre los candidatos más fuertes para sustituir a Francisco, pero ¿le había allanado este el camino a Prevost hacia el papado? ¿Cómo fue el cónclave? ¿Por qué duró tan poco? ¿Qué significa que el nuevo papa sea agustino? ¿Qué problemas y retos tendrá que enfrentar el papa León XIV?

5

¿Por qué él?

Apoyos a su perfil de *papabile*

> El obispo no debe ser un pequeño príncipe sentado en su reino, sino estar llamado auténticamente a ser humilde, cercano al pueblo que sirve, caminar con ellos, sufrir con ellos y buscar formas de vivir mejor el mensaje del Evangelio en medio de su pueblo.[31]

Nadie o casi nadie se había fijado en el cardenal Prevost. Parecía una figura casi invisible entre los que sí figuraban como *papabiles*. El término *papabile* viene del italiano y significa literalmente 'papable', es decir, alguien que puede ser nombrado papa. Es una expresión que inventó la prensa vaticana para nombrar a los candidatos que más posibilidades tenían de ocupar el cargo, ya fuera por su carisma o por su influencia en la curia o en el Colegio Cardenalicio.

Hay un dicho popular, que en este caso se ha cumplido a la perfección, que dice: «Quien entra en el cónclave como *papabile* sale cardenal».

[31] Sobre el rol del obispo. *Hallow*, art. cit.

En el caso de la anterior elección pasó algo parecido: Francisco no figuraba en las quinielas de los papables. En el caso de Ratzinger, que en muchos sentidos era el continuador del papa Juan Pablo II, sí era uno de los nombres que se barajaban.

Hay una larga lista de *papibiles* que no salieron elegidos. Algunos de estos cardenales que casi lo consiguieron son Giuseppe Siri, que estuvo en tres cónclaves, aunque algunos aseguran que fue elegido y renunció bajo presión, y Carlo Maria Martini, cardenal de Milán y jesuita como Francisco, que perdió frente a Joseph Ratzinger, que hubiera sido un revulsivo para la Iglesia por sus ideas teológicas. Se dice que el mismo Jorge Mario Bergoglio no fue elegido en el cónclave de 2005, pero lo logró en el de 2013, cuando ya nadie lo esperaba. Dicen que fue el segundo más votado tras Ratzinger. Otro de los grandes perdedores es Peter Turkson de Ghana, que se hubiera convertido en el primer papa negro de la historia; era papable en el cónclave de 2013 y lo fue también en este. También está Luis Antonio Tagle, el papable filipino, una persona carismática y en la línea de Francisco, aunque algunos criticaban su servicio en Cáritas.

¿Por qué de repente Robert Francis Prevost se convirtió en papable? Todos los medios pensaban que Prevost no era elegible a pesar de su cercanía al papa Francisco y su continuismo en la línea social de la Iglesia. Uno de sus inconvenientes era su nacionalidad estadounidense, dada la fuerte polarización que existe en el mundo, especialmente si tenemos en cuenta la figura de Donald Trump, con un escorado peso político.

Entre las cosas que tenía a su favor cabe mencionar que para muchos representaba la línea más central de la Iglesia: un innovador en la reforma pastoral de la Iglesia y un defensor de la lucha contra la injusticia, además de dar visibilidad a la Iglesia de la periferia, menos europea. Por otro lado, es mucho más conservador en la liturgia y las formas que el papa Francisco, que se saltaba constantemente el protocolo, no vestía las ropas tradicionales papales y se acercaba a posturas más campechanas y críticas con la ostentación de la Iglesia católica.

El resto de los candidatos parecían tener más razones para ser elegidos y más votos en el Colegio Cardenalicio.

Pietro Parolin era uno de los hombres más influyentes en el Vaticano y mano derecha de Francisco al ocupar el cargo de secretario del Estado Vaticano. Hubiera sido un buen candidato de continuidad, pero tal vez no era el más ilusionante y pastoral.

Luis Antonio Tagle parecía un buen candidato, no solo porque hubiera sido el primer papa filipino y de Asia, sino porque conocía bien los mecanismos vaticanos y tenía un enfoque pastoral, aunque se le consideraba demasiado joven. A lo mejor es el próximo Francisco, aunque al haberse elegido un papa joven, de 69 años, parece difícil que Tagle sea elegible dentro de quince o veinte años.

Matteo Zuppi, arzobispo de Bolonia y presidente de la Conferencia Episcopal de Italia, hubiera sido el sueño para muchos, que quieren un nuevo papa italiano, porque al fin y al cabo es el obispo de Roma, pero era demasiado progresista para algunos.

El candidato francés, Jean-Marc Aveline, era un candidato sensible, muy consciente de la diversidad cultural del mundo, pero era mucho más joven, de apenas 65 años de edad.

No obstante, el gran perdedor ha sido Peter Turkson, que ha perdido su última oportunidad de ser elegido, una figura cubierta por un halo de misterio, por las profecías de que el último papa sería negro. Para muchos era demasiado conservador en lo moral y muy crítico con la Iglesia en Occidente.

Posiblemente, como veremos en un capítulo posterior, la candidatura de Prevost comenzó a tomar fuerza cuando se pensó en la unidad, la capacidad de liderazgo y una experiencia más global, todas cualidades que reunía el obispo de origen estadounidense.

En realidad, la sorpresa ha sido más para los fieles y para los medios de comunicación que para la gente que conoce bien los mecanismos del Vaticano y, sobre todo, para los que creían que el papa Francisco había preparado al Colegio Cardenalicio para que siguiera las reformas por él emprendidas.

La Iglesia católica, con dos mil años de tradición, no es muy amiga de los giros bruscos que puedan causar un cisma como los ocurridos con el resto de las Iglesias ortodoxas y el de la época de la Reforma protestante.

Tampoco parece casualidad que el nuevo papa sea americano, uno de los continentes, junto con Europa, donde la Iglesia católica está perdiendo más feligreses.

No era papable, pero curiosamente era el que reunía las mejores condiciones para convertirse en el siguiente Sumo Pontífice de la Iglesia católica.

Parte II

EL PONTIFICADO Y SU VISIÓN

6

Pensamiento y espiritualidad

Línea teológica y estilo pastoral

> Soy un hijo de san Agustín, que dijo: «Con ustedes soy cristiano y para ustedes obispo». En ese sentido, podemos caminar todos juntos hacia esa patria que Dios nos ha preparado.[32]

El hecho de que el nuevo papa León XIV pertenezca a la tradición agustina es muy significativo. Cada orden religiosa pone un énfasis especial en su misión y su forma de entender el Evangelio. Además de la orden a la que pertenece Prevost, el lema que ha elegido, su nombre y la trayectoria que ha tenido hasta ahora nos desvelan su pensamiento y su espiritualidad.

[32] Pacho, Lorena, «Los agustinos, la orden del nuevo papa que vive de la caridad y defiende una Iglesia más universal», *El País*, 11 de mayo de 2025, <https://elpais.com/internacional/2025-05-12/los-agustinos-la-orden-del-nuevo-papa-que-vive-de-la-caridad-y-defiende-una-iglesia-mas-universal.html>.

Los agustinos

El cardenal Prevost ha hablado mucho de la influencia que causó en su vida su orden, y en especial el santo en el que está inspirada, san Agustín de Hipona.

San Agustín, o Aurelio Agustín de Hipona, fue un escritor, filósofo y teólogo que murió en Hipona, en la actual Argelia, el 28 de agosto del año 430. Provenía de una familia romanizada. Su padre se llamaba Patricio y era pagano, y Mónica, su madre, era cristiana y se convertiría en santa. La influencia de su madre en su conversión fue notable, aunque antes de convertirse se alejó de las enseñanzas de su familia. Su madre vertió muchas lágrimas antes de ver la transformación de su hijo. El niño se convirtió en un joven muy inteligente y preparado, que completó sus estudios en Humanidades y se hizo profesor de Retórica, triunfando enseguida en Cartago, donde enseñaba a los hijos de la élite de la ciudad. Tras descubrir a Cicerón, se aficionó a la filosofía. Después de dedicar tiempo a una ardua investigación, se hizo maniqueo, una religión universalista que provenía del Imperio sasánida, pero que tomaba elementos zoroastristas, budistas y cristianos, con un fuerte acento en el dualismo, la negatividad de la materia y que predicaba la pasividad del bien frente al mal.

Visitó Roma y, por mediación de un amigo, fue nombrado *magister rhetoricae* en Mediolanum. Un día escuchó al obispo Ambrosio y eso lo empujó a convertirse al cristianismo. Años más tarde llegó a ser obispo. San Agustín fue una de las personas más influyentes de la Iglesia.

La Orden de San Agustín, a la que pertenece el nuevo papa León XIV, es mucho más reciente, pues su fundación data del 1244, es decir, en los tiempos del papa Inocencio IV. Se creó por la necesidad de unificar algunas comunidades eremitas que seguían la regla de san Agustín, que se unieron en una sola orden.

La orden se creó con la idea de que fuera mendicante, como la de los franciscanos y la de los dominicos, cuya misión, además de practicar la pobreza, eran la fraternidad apostólica y la evangelización. La orden siempre ha buscado la unidad espiritual. De hecho, su lema es: «Una sola alma y un solo corazón hacia Dios».

Nunca ha habido un papa de la orden agustina y esto puede ser debido a varias causas. La primera es que las órdenes mendicantes más centradas en la pobreza nunca han aspirado a los cargos eclesiásticos; su centralidad en la pobreza, que en muchas ocasiones chocaba con una jerarquía que solía vivir ostentosamente, hacía muy difícil que un monje mendicante llegara a ser nombrado papa. Algo similar sucedía con los jesuitas, aunque en este caso no tanto por el voto de pobreza, sino porque los jesuitas no estaban sometidos a las autoridades episcopales y rendían cuentas directamente ante el papa.

La singularidad de un papa de origen agustino también tiene otra causa. La Reforma protestante del siglo XVI surgió dentro del seno de los agustinos. Martín Lutero era un monje agustino alemán. Destacó por su austeridad y cumplimiento de la regla. Pero dado que no conseguía encontrar paz para su alma, se sometió a largos ayunos, oraciones, peroraciones y confesiones. Fue ordenado sacerdote tras acabar sus estudios en Humanidades y luego obtuvo un doctorado en Teología. Trabajó como profesor de Biblia en la Universidad de Wittenberg, además de ser vicario provincial para Sajonia y Turingia. Lo más remarcable de Lutero, sin embargo, es su involucración en el conflicto de las indulgencias, que tuvo lugar bajo el papa León X, curiosamente otro León, como el actual papa, y terminó con el mayor cisma de la Iglesia desde el siglo XI, cuando la Iglesia de Oriente y la de Occidente se separaron.

La Orden de los Agustinos quedó bajo sospecha después de la excomunión de Lutero y de la ruptura de muchas Iglesias con Roma. Muchos comenzaron a asociar a los agustinos con la herejía. La orden se distanció públicamente de las ideas de Lutero en 1520 e intentó destacar en la Contrarreforma con figuras como Luis de León o Fray Luis de Granada. A raíz de estos percances históricos, los dominicos y los jesuitas consiguieron tener una mayor influencia en la Iglesia, mientras que los agustinos fueron relegados.

En 1518, el papa León X ordenó a Johann von Staupitz, que simpatizaba con Lutero, que lo reprendiera y se sometiera al voto de obediencia. De esta forma, los agustinos intentaron desvincularse del reformador.

El hecho de que León XIV sea agustino es, pues, un hecho bastante singular y significativo. Tampoco es que haya sido muy común que miembros de ordenes monásticas hayan llegado a ser papas. Apenas hay poco más de una decena, frente a los doscientos sesenta y siete que ha habido en total. El primero fue, en 1294, el papa Celestino V, que fundó los celestinos. La mayoría han sido dominicos, aunque también ha habido benedictinos y franciscanos. El papa más célebre que perteneció a una orden fue Juan XXIII, un franciscano bajo cuyo mandato se produjo uno de los cambios más extraordinarios de la Iglesia católica.

El lema y el escudo del papa León XIV

El lema que ha elegido el nuevo papa León XIV, *In IIlo Uno Unum*, que significa «En el único Cristo somos uno», proviene de uno de los sermones de san Agustín sobre el salmo 127. Este salmo, atribuido a Salomón, habla sobre la vanidad del esfuerzo humano. Uno de sus versos más famosos es el primero, que dice: «Si el Señor no construye la casa, en vano se cansan los albañiles; si el Señor no guarda la ciudad, en vano vigilan los centinelas». De este salmo, san Agustín dice: «Aunque los cristianos sean muchos, en Cristo son uno solo».

El papa León está haciendo una llamada a la unión dentro de la Iglesia católica y posiblemente también al resto de las confesiones cristianas.

En la oración de Jesús poco antes de morir, este le pide al Padre que los discípulos sean uno como lo son él y el Padre, que esa será una señal para el mundo.[33] En un mundo

[33] Versión Reina Valera, 1960, Juan 17, 21-23. 21: «Para que todos sean uno; como tú, oh, Padre, en mí, y yo en ti, que también ellos sean uno en nosotros; para que el mundo crea que tú me enviaste». 22: «La gloria que me diste, yo les he dado, para que sean uno, así como nosotros somos uno». 23: «Yo en ellos, y tú en mí, para que sean perfectos en unidad, para que el mundo conozca que tú me enviaste, y que los has amado a ellos como también a mí me has amado».

en el que hay tantas Iglesias, sin duda no se ha cumplido este deseo de Cristo.

Parece una labor complicada. De hecho, ya se han levantado algunas voces conservadoras, sobre todo en Estados Unidos, que no quieren la continuidad de la línea liberal del anterior pontífice.

El escudo del nuevo papa, el mismo que escogió durante su episcopado, también encierra otros simbolismos. En la parte superior, sobre un fondo blanco, hay un lirio blanco, que simboliza la pureza y fue una de las figuras usadas por Jesús para hablar de provisión de Dios. En la parte inferior, sobre un fondo claro, está el emblema inspirado en los agustinos, un libro cerrado en el que reposa un corazón atravesado por una flecha. Su significado hace referencia a la conversión de san Agustín por la palabra de Dios: «Vulnerasti cor meum verbo tuo», que significa «Has traspasado mi corazón con tu palabra».[34]

El papa León XIV ha confesado que la unión y la comunión forman parte del carisma de san Agustín y por eso va a intentar que se produzca la comunión en la Iglesia. Los tres pilares de su pastorado serían, pues, la comunión, la participación y la visión.

Su misión en esta etapa compleja y cambiante de la Iglesia católica es promover la unión y la comunión. ¿Será capaz de lograrlo? La Iglesia católica no ha padecido un cisma grande desde la Reforma, pero la tensión entre sus diferentes tendencias crece cada día más. Aunque gran parte de los cardenales y

[34] Reyes, Jorge, «¿Qué significa el escudo del papa León XIV?», *Desde la Fe*, 13 de mayo de 2025, <https://desdelafe.mx/noticias/la-voz-del-papa/que-significa-el-escudo-del-papa-leon-xiv>.

los obispos son progresistas, los que pertenecen a África y Asia no lo son tanto, pero son también las Iglesias que más están creciendo en la actualidad y cada vez van a tener más peso.

Los símbolos son importantes, y sin duda están marcando ya las primeras intenciones y directrices del nuevo pontificado.

El anterior lema del papa Francisco versaba sobre la elección y se centró en el cuidado pastoral de la Iglesia católica. Como vemos, estos símbolos definen en gran parte el pensamiento y las creencias de cada papa.

El estilo pastoral del nuevo papa y su línea teológica

En algunos aspectos, el nuevo papa León XIV va a seguir la línea de Francisco, aunque con nuevos matices y énfasis. Prevost, como buen agustino, siempre intenta combinar la línea de profundidad teológica agustiniana con su compromiso con la justicia social, la paz y la sinodalidad.

En un mundo donde abundan los conflictos sociales, políticos y nacionales, hablar de paz es ciertamente complicado, pero sin duda León XIV va a poner un especial énfasis en ese tema.

> ¡La paz esté con todos ustedes! Queridísimos hermanos y hermanas, este es el primer saludo de Cristo Resucitado, el Buen Pastor que dio la vida por el rebaño de Dios. También yo quisiera que este saludo de paz entrara en sus corazones, llegara a sus familias, a todas las personas, dondequiera que

estén, a todos los pueblos, a toda la tierra. ¡La paz esté con ustedes![35]

El nuevo papa León XIV quiere enfocarse en la paz, lo comentó en su primer discurso, utilizando el saludo de Cristo resucitado, que es el saludo judío por excelencia. Un saludo que desea que penetre en todos los corazones y llegue a todos los lugares del mundo. Un deseo que, según el nuevo papa, está en el corazón de toda la gente.

> La Santa Sede está disponible para que los enemigos se encuentren y se miren a los ojos, para que se devuelva a las personas la esperanza y la dignidad que merecen, la dignidad de la paz.[36]

El mundo está cansado de unas guerras que parece que solo van a ir en aumento, y por eso el papa ofrece la Santa Sede como un medio, un lugar para la paz, una paz que incluye la dignidad y la esperanza, sin las que la paz no puede existir en realidad. Pero, como bien sabe el Santo Padre, la paz solamente puede producirse si viene de Dios, porque es un verdadero milagro: «Ante el dramático escenario de guerra, pidamos por el milagro de la paz».[37]

[35] Primer saludo como papa, 8 de mayo de 2025, <https://www.vaticannews.va/es/papa/news/2025-05/saludo-papa-leon-xiv-urbi-et-orbi-primeras-palabras.html>.

[36] *Vatikan News*, «El papa León XIV ofreció su mediación entre líderes mundiales para poner fin a las guerras: "El pueblo quiere la paz"», audiencia con las Iglesias orientales, 14 de mayo de 2025, <https://www.vaticannews.va/es/papa/news/2025-05/papa-leon-xiv-pidamos-por-el-milagro-de-la-paz.html>.

[37] Oración *Regina Caeli*, 11 de mayo de 2025, <https://www

En la actualidad hay cincuenta y cuatro conflictos activos en el mundo que involucran a noventa y dos países. Los más importantes y graves son los de Ucrania, Gaza, Sudán y el Sahel, pero los hay en todos los continentes menos Oceanía, y no se salva ninguna comunidad, ni etnia ni religión. A finales del siglo XX, cuando todo el mundo pensaba que tras la caída del Muro de Berlín la paz se instalaría en el mundo, los conflictos eran todos menores y no superaban los treinta o como máximo cuarenta. La explicación la encontramos en el fracaso de la diplomacia internacional y del Consejo de Seguridad de la ONU, la desigualdad global y la multiplicación de actores no estatales.

El otro gran foco del mensaje del papa es la justicia social, que paradójicamente cada vez se ve más lejana. El papa León XIV comentó a este respecto en su discurso al Colegio Cardenalicio:

> La Iglesia ofrece a todos su patrimonio de doctrina social para responder a otra revolución industrial y a los desarrollos de la inteligencia artificial, que comportan nuevos desafíos en la defensa de la dignidad humana, de la justicia y del trabajo.[38]

El papa León XIV está muy preocupado por los cambios que se están produciendo a pasos agigantados en el mundo laboral y por cómo esto puede afectar a los trabajadores, por ejemplo, el cada vez mayor uso de la inteligencia artificial, que va a producir una nueva revolución industrial, en

---

.vaticannews.va/es/papa/news/2025-05/papa-leon-xiv-pidamos-por-el-milagro-de-la-paz.html>.

[38] Discurso del santo padre León XIV al Colegio Cardenalicio, *op. cit.*

la que las personas cada vez serán menos necesarias. El nuevo papa defiende la dignidad humana, pero también la justicia y el trabajo digno. Curiosamente, el papa continúa con las mismas ideas que Francisco, pero su discurso es mucho más moderno y actual, enfrentando problemas tan recientes que muchos gobiernos seculares todavía se están planteando; así pues, la visión del nuevo papa es mucho más fresca y moderna.

El otro asunto urgente es el problema de las migraciones. El siglo XXI se ha convertido ya en el periodo en que más emigrantes y refugiados ha habido. A pesar de las trágicas guerras que tuvieron lugar durante siglo XX y los dramas humanitarios causados por los regímenes comunista y nazi, nunca antes tanta gente había abandonado sus hogares en busca de un futuro mejor o para escapar de una persecución política, étnica o religiosa.

El papa León XIV defiende el derecho de los pueblos y los individuos a migrar. De hecho, él proviene de emigrantes italianos, franceses, afroamericanos, españoles, haitianos, aunque sea de nacionalidad estadounidense, por lo que es normal que se sienta identificado con los inmigrantes. Evidentemente, esto le coloca en contra de las políticas de Donald Trump: «Nadie cambiaría su país por una tierra extranjera si el suyo le proporcionara los medios para vivir una vida decente y feliz».[39]

La posición del nuevo papa ante la emigración no puede ser más clara. Para verbalizarla, utiliza las palabras del papa

[39] León XIV cita la carta encíclica *Rerum novarum* de León XIII sobre el contexto de las migraciones, <https://www.vatican.va/content/leo-xiii/es/encyclicals/documents/hf_l-xiii_enc_15051891_rerum-novarum.html>.

León XIII, que vivió en un mundo en el que la emigración, en especial hacia América, iba en aumento.

En la actualidad, unos mil millones de personas en todo el mundo está desplazándose de su lugar de nacimiento, aproximadamente una de cada ocho personas, según datos de la Organización Mundial de la Salud. Los migrantes internacionales son unos 281 millones, mientras que los desplazados forzosos son unos 117 millones. A finales del siglo xx, apenas había unos 153 millones de migraciones internacionales y unos 18 millones de refugiados o desplazados forzosos. Y lo peor es que las cifras no dejarán de crecer, en especial en África, Centroamérica y algunos lugares de Asia.

El enfoque del nuevo papa hacia los más desfavorecidos es evidente, así como su lucha por la justicia social y la clase obrera, lo que da continuidad a la línea del anterior papa Francisco.

La espiritualidad del nuevo papa

Francisco era un hombre de oración y le gustaba el estudio de la Biblia. De hecho, solía encontrarse con varios pastores evangélicos de la ciudad de Buenos Aires, además de visitar muchos centros de espiritualidad, en especial marianos, durante su pontificado.

El nuevo papa León XIV ya ha enfatizado la necesidad de la unidad en Cristo como una de las directrices de su pontificado y de su espiritualidad. La tradición agustiniana se caracteriza por la interioridad espiritual, la vida comunitaria y la unidad en Cristo.

Durante su etapa como obispo en Perú, el papa mostró una profunda devoción a san Nicolás de Tolentino, patrón de su profesión perpetua. Solía rezar en una pequeña capilla en Chiclayo.[40]

San Nicolás de Tolentino es el santo de cabecera del nuevo papa, según el sacerdote peruano David Farfán Guerrero, que el actual papa conoció en Chulucanas en 1985. El sacerdote comentó que León XIV era un gran devoto y ponía a prueba sus rodillas. El nuevo papa se sorprendió muchísimo de que hubiera una capilla dedicada a su santo patrono en un lugar tan apartado de Perú.

San Nicolás de Tolentino es el primer agustino canonizado. Vivió entre 1245 y 1305, y es venerado por su vida austera, su dedicación a la oración y sus numerosos milagros. También profesaba un gran amor a los pobres, y solía practicar ayunos severos y misas constantes para sacar a los pobres del purgatorio.

León XIV combina su conocimiento teológico, su maestría en Divinidad y su doctorado en Derecho Canónico con su formación científica y matemática, es decir, en cierto modo, combina la fe y la razón. No ha habido muchos papas con formación científica o una especialización en Matemáticas.

Muchos de sus compañeros han comentado que, además del rezo comunitario, el nuevo papa se levantaba para pasar varias horas cada día en la iglesia en silencio. Tam-

[40] López Marina, Diego, «¿Cuál es el santo patrono del papa León XIV? La devoción desconocida que marcó su consagración agustina», *ACI Prensa*, 13 de mayo de 2025, <https://www.aciprensa.com/noticias/113311/el-santo-patrono-del-papa-leon-xiv-la-devocion-agustina-que-marco-su-vida-espiritual>.

bién celebraba la eucaristía diariamente con mucha devoción, incluso con lágrimas a veces; parecía en éxtasis durante los servicios religiosos, según algunos hermanos. Esta actitud parece provenir de su devoción por san Nicolás de Tolentino.

La línea teológica del nuevo papa León XIV

El nuevo pontífice cree en una teología del corazón. No es un gran teólogo como Benedicto XVI ni tampoco un estudioso de la Biblia como Francisco; su teología es una búsqueda interior que parte de la frase: *Noli foras ire, in te ipsum redi*, cuyo significado es «No vayas fuera, vuelve a ti mismo». La frase está inspirada en san Nicolás, y provenía de san Agustín.

Otra de las fuentes de su teología es la gracia, la base de la fe de san Agustín. La gracia es un regalo de Dios, que nos salva por medio de Jesucristo. No se puede obtener ni alcanzar por méritos humanos y estuvo en el centro del debate de la Iglesia en el siglo XVI. De ella extrajo Martín Lutero sus ideas centrales.

El nuevo papa León XIV cree que es Dios el que transforma el alma, no los esfuerzos personales. En ese sentido, es muy diferente al pensamiento jesuítico de Francisco, mucho más enfocado en la proactividad y el trabajo.

El perfil teológico en general es moderado, ni conservador ni liberal, lo que le ha permitido ser un papa de consenso. Además de su talante moderado, es un hombre con una actitud reconciliadora, algo muy importante en una Iglesia que también se está polarizando, como le sucede al resto de la sociedad.[41]

Algunos conservadores creen que va reforzar ciertas tradiciones que se estaban perdiendo. Francisco era mucho más directo y no le gustaban las fórmulas antiguas.

El nuevo papa León XIV tiene querencia por las oraciones en latín, lo que muestra su cercanía a la tradición, aunque es aperturista en la formación de una Iglesia sinodal como proponía Francisco.

Una de sus primeras frases ante los fieles congregados en la plaza de San Pedro tras su nombramiento fue que la humanidad necesita la luz. ¿Logrará un solo hombre traer algo de luz a una humanidad perdida?

[41] Escartín, Javier, «El norteamericano Robert Francis Prevost, elegido nuevo papa: adopta el nombre de León XIV», *Huffpost*, 8 de mayo de 2025, <https://www.huffingtonpost.es/sociedad/habemus-papam-fumata-blanca-anuncia-iglesia-catolica-nuevo-papa.html>.

7

Relaciones con los papas anteriores

Influencia de la teología de san Agustín, León I, León XIII y Francisco

Siempre se ha comentado que los papas no son continuistas del anterior, que siguen las directrices del Espíritu Santo y de la Iglesia católica, pero es inevitable que en algunas ocasiones continúen el legado del anterior pontífice, incluso que tengan que solucionar sus asuntos pendientes o enmendar sus errores.

Tras el fallecimiento de Juan Pablo II, un papa muy carismático que había luchado políticamente contra el comunismo y, que en cierto sentido, como polaco, contribuyó a la caída de la Unión Soviética, su legado conservador fue asumido por Benedicto XVI, que había sido su hombre de confianza, y era sustentado por grupos conservadores como el Opus Dei, los Legionarios de Cristo o Camino Neocatecumenal, a los que apoyaba. Tras el fracaso de Benedicto XVI y su renuncia a causa de los escándalos financieros y los problemas con el aluvión de casos de pederastia, se necesitaba un nuevo papa, carismático y que cambiara el rumbo de la Iglesia.

Tras la etapa reformista de Juan XXIII, cuyo gran aporte fue el Concilio Vaticano II, que modernizó la Iglesia como nunca antes lo había hecho otro pontífice, llegó Pablo VI, que llevó a cabo muchas de las reformas iniciadas con el papa anterior, y luego Juan Pablo I, que murió repentinamente después de treinta y tres días de pontificado. Juan Pablo II dio un giro hacia una Iglesia más conservadora, ya que el nuevo papa provenía de una Iglesia perseguida en un país comunista.

En cierto sentido, León XIV no va a continuar la senda de Francisco, al menos de forma lineal, como se puede comprobar por su aporte de nuevas ideas y cambios en las formas. El papa León XIV es agustino, como ya dijimos, mientras que Francisco era jesuita, una orden de la que han surgido pensadores que han sido la élite intelectual de la Iglesia católica durante siglos y uno de los grupos religiosos que más han chocado con los poderes políticos a lo largo de la historia, en especial por su fidelidad al papado.

Una de las frases más usadas por el nuevo pontífice es la más famosa de san Agustín: «Ama y haz lo que quieras». El célebre santo la pronunció en un sermón basado en la primera epístola de Juan, la conocida como «epístola del amor». León XIV tiene un perfil más amoroso que Francisco. El anterior papa era directo, sorprendía llamando a feligreses para interesarse por su situación, solía romper los protocolos y no era dulce en sus formas. El nuevo papa León XIV sí lo es: apareció emocionado ante el mundo en su primer discurso, hablando de una forma sencilla y sensible, con más corazón que estrategia, que era el estilo de Francisco.

Sin embargo, fue precisamente Francisco el primero que creyó en León XIV y lo ascendió, en un tiempo récord, recordemos, a obispo, arzobispo y cardenal, y lo propuso para los puestos más altos de la curia, ocupados la mayoría de las veces por obispos y cardenales más administrativos, que han dedicado su vida a hacer carrera en el Vaticano.

Desde los cargos que ha ostentado, León XIV ha favorecido las reformas comenzadas por Francisco. Su desempeño en los diferentes dicasterios ha sido determinante para elegir a muchos de los obispos más jóvenes, para crear las nuevas leyes que rigen el Vaticano o para nombrar nuevos cardenales, a la postre algo que ha sido determinante, como veremos en el capítulo siguiente, para su propia elección.

El nuevo papa quiere seguir la sinodalidad, que consiste en que todos los miembros del Pueblo de Dios, laicos, religiosos, sacerdotes y obispos, caminen juntos siguiendo la dirección mostrada por el Espíritu Santo. Por tanto, aboga por una Iglesia más transversal y menos piramidal, como ha sido la Iglesia católica desde hace siglos.

Con Francisco se pasó de la doctrina de la inefabilidad del papa a un papado más humano, por ejemplo, negándose a que le besaran la mano, despreciando los departamentos papales y vistiendo de la forma más sencilla posible. El nuevo papa León XVI ya se ha mostrado más litúrgico, tanto en su forma de vestir como en sus mensajes, a pesar de ser un hombre cercano y afable.

La influencia de Francisco, no obstante, se puede observar en su lucha por las injusticias sociales y en la apertura al diálogo. El nuevo papa utilizó la expresión *construir puentes y promover la paz*. En una sociedad tan fragmentada, parece seguir la línea que ya inició el anterior papa, pero que en cierto sentido también sostenía ya Juan Pablo II.

El otro elemento en el que coinciden León XIV con el anterior pontífice es el enfoque misionero de la Iglesia y en dar más protagonismo a la periferia, en un momento en el que la mayoría de los feligreses católicos no son europeos ni occidentales. Más adelante veremos que es uno de los retos a los que tendrá que enfrentarse el nuevo papa.

León I, el papa que salvó Roma

Resultan curiosas las similitudes entre el nuevo papa León XIV y el primero que adoptó ese nombre. San León Magno vivió en una época de crisis y decadencia, que, salvando las distancias, se parece mucho a la del mundo contemporáneo. Su pontificado comenzó en el año 440 d. C. y duró hasta el 461, por tanto, fue más largo de lo habitual.

En aquella época, Roma sufría presiones externas producidas por la invasión de los bárbaros, pero también internas producidas por las sucesivas crisis políticas y teológicas. Era un momento en el que el cisma y la herejía parecían amenazar a la Iglesia.

En un momento de falta de liderazgo en general, el liderazgo espiritual de León I fue trascendental. Lo primero que hizo fue aclarar la disputa teológica sobre la doble naturaleza de Cristo, contribuyendo a la unidad religiosa.

Su segundo cometido tuvo que ver más con la salvación momentánea de una sociedad que se deshacía en pedazos.

En el año 452, el rey de los hunos, Atila, también conocido como «El azote de Dios», había arrasado el norte de Italia y se dirigía hacia Roma. El emperador romano, que apenas contaba con fuerzas militares, no pudo detener su arrollador avance. Entonces, según la leyenda, el papa León I salió a su encuentro y habló a solas con Atila. Al parecer, unas figuras que aparecieron en el cielo atemorizaron al conquistador y eso hizo que se retirara.

Tan solo tres años más tarde, fueron los vándalos los que se encontraban a las puertas de Roma, y aunque en este caso el papa no logró detener el saqueo, sí logró evitar la destrucción de la ciudad.

León I es un modelo de firmeza pastoral, diplomacia y valentía, tres características que parece tener el papa León XIV.

Otra de las similitudes es que León I logró mantener la unidad de la Iglesia en una época muy difícil y proteger a sus fieles en momentos de incertidumbre política y crisis social y espiritual.

León XIV ha afirmado que buscará la paz, como consiguió su antecesor mediante esa mezcla de diplomacia y fuerza. Enfrente tiene a políticos como Vladímir Putin, Donald Trump o Xi Jinping, que pretenden aumentar su influencia en la esfera de la geopolítica, y a una Unión Europea perdida en su política internacional y en su profunda crisis interna. ¿Logrará el nuevo papa imitar al primer papa que adoptó su nombre?

León XIII, el papa que comenzó la política social de la Iglesia

Al último papa con el nombre de León tan poco le tocó un momento histórico sencillo. Vivió casi un siglo, pues murió a los noventa y tres años. A lo largo de su larga existencia, le tocó sufrir las secuelas de la Revolución francesa, de todos los movimientos revolucionarios del siglo xix, la Revolución Industrial, el ascenso del marxismo y la lucha obrera, es decir, tuvo que enfrentarse a uno de los mayores cambios sociales y políticos de los últimos siglos.

A medida que se extendía el ateísmo y la sociedad se secularizaba, la Iglesia católica había pasado de defender las monarquías tradicionales a intentar adaptase a los nuevos gobiernos seculares y a la influencia de la masonería en el mundo.

Cuando Vincenzo Gioacchino Pecci nació en Carpineto Romano, aún no existía la Italia moderna y los Estados Pontificios eran controlados secularmente por la Iglesia. El papa León XIII era de origen noble, pero eso no impidió que demostrara una profunda sensibilidad social. Sus primeros cargos fueron de diplomático de la Santa Sede y más tarde de arzobispo de Perugia, diócesis que gobernó durante treinta años, un mandato que enfocó hacia los pobres y la educación.

En 1877 fue nombrado cardenal camarlengo poco antes de que muriera Pío IX, un papa conservador que había convocado el Concilio Vaticano I para asentar las bases de la Iglesia y mantenerla en posturas inmovilistas. La llegada de Pecci cambiaría las cosas.

León XIII no era un papa reformador *per se*, su intención era más bien que la Iglesia evolucionara con los tiempos, aunque las formas litúrgicas se mantuvieran inmutables. Lo primero que hizo fue que la Iglesia se abriera a los problemas del mundo de su época. La pérdida de los Estados Pontificios fue un duro golpe para la Iglesia, que usaba su poder secular para financiarse y protegerse de injerencias extranjeras, pero curiosamente ganó un fuerte poder moral. Promovió el estudio de la Biblia y desarrolló de forma asombrosa las relaciones diplomáticas de la Santa Sede, que ya no tenía poder militar ni político.

Pero su mayor aportación fue la famosa *Rerum novarum* publicada en 1891, una encíclica que abogaba por una defensa férrea de los trabajadores. Precisamente a raíz de esta iniciativa, el nuevo papa tomó su nombre: León XIV.

El mundo de la Revolución Industrial había cambiado Occidente: las fábricas llenaban de humo, progreso y miseria las calles de muchas ciudades, y la clase obrera, desarraigada, desorganizada y sin poder político, se sometía a las directrices inhumanas de los primeros empresarios industriales, en un mundo en el que no existían las regulaciones laborales.

Dos ideologías se enfrentaban en ese momento, el liberalismo económico, que prefería el libre mercado y defendía la explotación de los obreros, y el marxismo, que había pasado a ser una filosofía pretendidamente científica, de carácter ateo. El marxismo se presentaba como una especie de religión política que prometía que tras la lucha de clases se conseguiría el paraíso socialista.

León XIII pretendió crear una tercera vía que, sin llegar a las líneas radicales y violentas del marxismo, ni a la pasividad ante la injusticia social del liberalismo, ayudara a la creciente clase obrera.

La *Rerum novarum* era muy clara al respecto, además de condenar la explotación obrera y el trabajo infantil, que parecían normalizados en ese momento. Defendía el derecho a un salario justo, al descanso en condiciones humanas y a la creación de sindicatos, lo que dio pie a los primeros sindicatos católicos de carácter obrero. La encíclica rechazaba tanto la explotación capitalista como la lucha de clases. Defendía la propiedad privada, pero subordinada al bien común, y proclamaba que la justicia social era un deber cristiano.

Las palabras de León XIII para los que explotaban a los obreros eran duras:

> 31. Por lo que respecta a la tutela de los bienes del cuerpo y externos, lo primero que se ha de hacer es librar a los pobres obreros de la crueldad de los ambiciosos, que abusan de las personas sin moderación, como si fueran cosas para su medro personal. O sea, que ni la justicia ni la humanidad toleran la exigencia de un rendimiento tal que el espíritu se embote por el exceso de trabajo y al mismo tiempo el cuerpo se rinda a la fatiga. Como todo en la naturaleza del hombre, su eficiencia se halla circunscrita a determinados límites, más allá de los cuales no se puede pasar. Cierto que se agudiza con el ejercicio y la práctica, pero siempre a condición de que el trabajo se interrumpa de cuando en cuando y se dé lugar al descanso.[42]

[42] *Rerum novarum, op. cit.*

Con esta encíclica comenzaba la doctrina social de la Iglesia, los primeros sindicatos cristianos y la cercanía a la clase obrera, aunque no se lograra frenar ni los excesos del capitalismo ni que la nueva clase se mantuviera dentro de la Iglesia.

Las similitudes con el nuevo papado son muchas. León XIII enfrentó la Revolución Industrial, León XIV la revolución tecnológica y de la IA. El primero defendió al proletariado sin derechos, el segundo tiene la oportunidad de luchar contra las nuevas formas de precariedad laboral, como los bajos salarios, la robotización o el uso de la IA. León XIII se enfrentó al marxismo y al liberalismo, el nuevo papa deberá hacerlo al neoliberalismo y al populismo. El papa León XIII tuvo que contrarrestar la desconfianza hacia la Iglesia y promover la cercanía a los más pobres, el nuevo papa León XIV tiene como reto la desafección religiosa en Occidente, que fue la cuna del cristianismo. Las diferencias entre capital y trabajo del siglo XIX, hoy se han transformado en el reto de frenar las profundas brechas económicas, sociales y ecológicas.

El papa León XIII, que defendió a los obreros, intentó frenar el capitalismo salvaje afirmando los derechos morales de los trabajadores y animó al Estado a regular la economía e intervenir en ella. León XIV tiene que defender la dignidad humana en una sociedad profundamente deshumanizada, pero también salarios dignos y una economía más solidaria y respetuosa con la ecología.

En su encíclica, León XIII argumentó: «El trabajo no es mercancía: quien trabaja tiene derecho a lo necesario para vivir con dignidad».[43] Una reivindicación que, por

[43] Ibídem.

desgracia, no ha perdido vigencia en la actualidad, en la que muchos salarios no alcanzan para vivir, sobre todo después de la pandemia y la inflación experimentada en los últimos años.

León XIV comentó en su discurso al Colegio Cardenalicio: «La dignidad humana no puede estar al servicio de sistemas que reducen al ser humano a cifras o datos. Toda economía debe tener rostro humano».[44]

Las similitudes son muy claras y la deshumanización de las clases trabajadoras y medias está al orden del día. León XIII se enfrentó al capitalismo industrial y al marxismo, León XIV tendrá que afrontar el reto frente a la crisis climática, la revolución digital y una cada vez mayor desigualdad global.

En ese sentido, bajo el nuevo pontificado, la Iglesia católica tendrá que posicionarse de una forma inequívoca a favor de los más desfavorecidos. Por eso el nuevo papa León XIV tomó ese nombre y decidió continuar con el legado de su predecesor Francisco, que muchas veces fue acusado de marxista y de ser miembro de la teología de la liberación, que el siglo pasado se alineó con las ideas marxistas. No obstante, si la Iglesia no lo hubiera hecho, en muchos sentidos no habría cumplido su labor profética y social, que la une a la lucha por la dignidad humana.

[44] Discurso del santo padre León XIV al Colegio Cardenalicio, *op. cit.*

8

El legado de Francisco: últimos años y preparación para la sucesión

Los cardenales de Francisco

La Iglesia siempre necesita ser reformada.[45]

La llegada del papa Francisco al Vaticano fue un soplo de aire fresco en muchos sentidos. Tuve ocasión de escribir una biografía del papa Francisco, en la que destacaba una serie de datos: era el primer papa latinoamericano, así que muchos no lo conocían, pero los argentinos sí habían oído hablar de él. La situación de la Iglesia católica en ese momento era desesperada, con varios escándalos y diferentes retos, que el nuevo papa debía asumir con urgencia.

El propio papa Francisco llegó a decir en el 2010, antes de convertirse en papa: «Generalmente, cuando se habla de doble vida se relaciona con una persona que tiene dos

[45] Francisco I, en su exhortación apostólica *Evangelii Gaudium*, *op. cit.*

familias... Pero doble vida es todo aquello que hace fraudulento el modo de vivir, los principios éticos que están en nuestro ser».[46]

Con esta declaración, Francisco afirmaba que la religión sin ética y moral es puro fariseísmo. El mismo Jesús se pasó la mayor parte de su ministerio terrenal denunciando a los religiosos de su tiempo. Durante el siglo I, cuando Jesús estaba en la tierra, muchos se aprovechaban de la religión para justificar su estilo de vida. No deja de ser irónico que los seguidores de Cristo cayeran siglos después en lo mismo.

Los casos de escándalos sexuales que durante los anteriores pontificados se habían ocultado salieron a la luz. La corrupción no ha cambiado mucho, porque el hombre sigue siendo el mismo, pero el foco mediático y la opinión pública ya no miran para otro lado a la hora de denunciar a los agresores y proteger a las víctimas.

El famoso Vatileaks, un informe demoledor sobre la corrupción económica en el Vaticano, estaba ahogando a la Iglesia y terminando con su credibilidad. El periodista Eric Frattini comentaba hace unos años sobre el famoso Vatileaks: «El papa Ratzinger sabía que había grandes casos de corrupción en el Vaticano», y que dejó «una herencia venenosa» para su sucesor, el papa Francisco, en forma del informe Vatileaks.[47]

[46] Rubin, Sergio y Ambrogetti, Francesca, *El jesuita*, Editorial Vergara, p. 64, Argentina, 2010.

[47] Frattini, Eric: «El informe "Vatileaks" es una herencia venenosa de Ratzinger para Francisco», La Sexta, 16 de marzo de 2013.

A los escándalos financieros, que han sido muy comunes durante toda la historia de la Iglesia, se unieron los mucho más graves de pederastia. Los abusos a niños y niñas inocentes es un tema terrible, pero también lo fue el ocultamiento por parte de la jerarquía de lo que estaba sucediendo y el intento de acallar a las víctimas.

En Estados Unidos, los primeros casos se conocieron en 2002, donde se pagaron indemnizaciones millonarias para que no saliera a la luz lo sucedido. Pero a partir de 2008, las noticias comenzaron a saltar a los medios de comunicación. Aunque el papa Benedicto XVI prometió mano dura y que los culpables serían apartados de la Iglesia, nuevos casos en Irlanda en 2009 volvieron a abrir el debate.

Estos escándalos tumbaron el pontificado y llevaron a un hecho insólito que no se había producido en siglos: que un papa vivo renunciara a su cargo.

Al poco tiempo de conocerse la renuncia por supuestos problemas de salud el 17 de febrero del 2013, el periodista Eric Frattini comentó:

> Él no tiene ningún problema de salud, problemas de salud tenía Juan Pablo II. Es un señor con sus achaques, pero no tiene problemas de salud. Pero Benedicto XVI no quiso ser papa. Antes de entrar en el cónclave ya había ordenado a sus ayudantes que organizasen la casa para trasladarse a Baviera porque iba a dejar la maquinaria vaticana, pero el Espíritu Santo lo nombró papa.
>
> Es un hombre que ha allanado el camino para el próximo porque ha sacado la basura a la calle. Se ha dedicado a limpiar. Ha sido un papa revolucionario y limpiador. Se ha

enfrentado a los casos de pederastia, no los ha escondido, y ha intentado limpiar el Banco Vaticano... por eso ha allanado el camino al siguiente.[48]

El cónclave de 2013 fue muy diferente a este. La expectación era aún mayor, ya que no era una situación normal y todo el mundo esperaba que la Iglesia diera un paso valiente y eligiera a alguien con la fuerza suficiente para cambiar las cosas.

El 12 de marzo de 2013 comenzó el cónclave, se convocó a todos los cardenales menores de ochenta años, ciento quince cardenales con derecho a voto. El papa Francisco, como sucedió de nuevo, no estaba en la lista de los papables. Pero, a pesar de todo, Bergoglio comenzó a aparecer como uno de los más votados, y el día 13 reunió aún más votos, de casi todos los europeos y americanos. Los votos fueron en aumento, hasta que, en la última votación de la tarde de ese mismo día, Bergoglio obtuvo noventa votos de los ciento quince.

Aquellos cardenales habían sido nombrados en su mayoría por Juan Pablo II y unos pocos por Benedicto XVI. Veían que la Iglesia estaba en apuros y buscaron a un hombre fuerte que pudiera tomar las riendas. En cambio, este

[48] Marbán, Roberto, «Eric Frattini: "Benedicto XVI ha sido un 'limpiador de basura'. Pasará a la historia como un papa revolucionario y limpiador"», *Periodista Digital*, 11 de febrero del 2013, <https://www.periodistadigital.com/mundo/europa/20130211/eric-frattini-benedicto-xvi-sido-limpiador-basura-pasara-historia-papa-revolucionario-limpiador-noticia-689401725293/>.

cónclave ha sido muy diferente, porque Francisco lo fue preparando, tanto en el fondo como en la forma.

En 2024, la Iglesia había superado la mayoría de los escándalos. El papa Francisco consiguió que la gente estuviera más interesada en sus comentarios sobre el colectivo LGBTI, sus llamadas inesperadas a personas enfermas o sus misas en la residencia de Santa Marta, apartándose así de una imagen de austeridad, pero sobre todo dando a entender que la curia no estaba aislada de la realidad y del mundo.

Mientras, la salud del papa Francisco se iba deteriorando poco a poco. Esto no impidió que actuara con bastante calma y dejara ordenadas las cosas antes de partir. Lo primero que hizo fue reeditar el protocolo fúnebre para que fuera menos solemne, y después elegir su tumba. Pero lo que había preparado con sumo cuidado era el tema de su sucesión.

La reforma de la curia

Uno de los grandes problemas que había tenido la Iglesia católica era el de la corrupción del Vaticano. Muchos cargos de la ciudad eran puramente administrativos y políticos, sin una verdadera vocación pastoral. En 2022, Francisco creó una comisión para elaborar una nueva constitución apostólica, titulada *Praedicate evangelium*, cuya misión era convertir a la curia en una institución enfocada en la evangelización y descentralizar el poder.

La constitución no se había cambiado desde 1988, cuando se promulgó la anterior, denominada *Pastor Bo-*

nus. La nueva aspiraba a ser más sinodal, trasparente y descentralizada.

En primer lugar, todos los consejos pontificios se convirtieron en dicasterios, con la misma igualdad jurídica y eliminando las jerarquías por las que se regían antes.

El dicasterio más fuerte, y en el que más énfasis se puso, fue el de la evangelización. En los dicasterios se permitió por primera vez la presencia de laicos y se incluyó a las mujeres. Por otro lado, algunas cosas se consultaban por medio de sínodos a todas las Iglesias, de forma más participativa.

La nueva constitución fue elaborada por el Consejo de Cardenales, nombrado por el papa directamente en 2013, poco tiempo después de llegar al poder. El secretario del Consejo de Cardenales era monseñor Marco Mellino, pero la reforma no estuvo lista hasta 2022, cuando se presentó al resto de los cardenales.

Curiosamente, una de las personas que influyó en la constitución fue Prevost, que fue nombrado prefecto del Dicasterio para los Obispos en abril de 2023. Prevost reorganizó a los obispos para adaptarlos a la nueva constitución. Robert también formó parte de los dicasterios más importantes, como el de la Evangelización, las Iglesias Orientales, el Clero, los Institutos de Vida y la Consagración y las Sociedades de Vida Apostólica, Cultura y Educación, y los Textos Legislativos. Eso le permitió extender la reforma a diversas áreas de la curia.

Robert escogió perfiles pastorales para una nueva generación de obispos y eso acabaría influyendo en la composición del Colegio Cardenalicio.

Durante su mandato, la mayoría de las personas elevadas a cardenales estaban alineadas con la reforma de Francisco y habían sido propuestas por él mismo. La influencia de Prevost en la configuración del liderazgo eclesiástico ha sido muy importante en los últimos años. De los obispos que propuso durante su época como prefecto del Dicasterio para los Obispos, cabe mencionar a Víctor Manuel Fernández, José Cobo Cano, Stephen Chow Sau-yan SJ, François-Xavier Bustillo y Luis José Rueda Aparicio, la mayoría de ellos de América del Sur, África y Asia.

Un Colegio Cardenalicio a la medida de Francisco

Nunca antes se había intentado una reforma de tanto calado en tan poco tiempo, ni tampoco se habían elegido tantos cardenales nuevos en un tiempo récord. Para que nos hagamos una idea, bajo el pontificado de Juan XXIII, que duró cinco años, el papa nombró cincuenta y dos cardenales; pensemos que, hasta su pontificado, el Colegio Cardenalicio estaba compuesto por setenta como máximo. Sus reformas pudieron lograrse gracias a este cambio de gobierno vaticano.

Bajo el pontificado de Juan Pablo II, mucho más largo, pues duró veintiséis años y cinco meses, el nuevo papa nombró a 231 cardenales, muchos de los cuales no eran ni italianos ni occidentales. En el cónclave de 2005 que eligió a Benedicto XVI, el candidato de Juan Pablo II, 115 de los 114 cardenales que tenían derecho a voto habían sido elegidos por dicho papa.

Benedicto XVI, que tuvo un pontificado más bien corto debido a su dimisión tras siete años y tres meses, bastante parecido al de Francisco, nombró a 90 cardenales, pero solo 67 podían votar en el cónclave siguiente.

En el caso de Francisco, que gobernó diez años y seis meses, el papa nombró a 137 cardenales, y al morir había cien electores nombrados por él con capacidad de voto, de un total de 133 que podían votar. Por lo tanto, era muy difícil que no saliera un candidato con el perfil más parecido a Francisco.

En realidad, había 135 cardenales con derecho a voto, pero Antonio Cañizares, de España, y John Njue, de Kenia, no pudieron asistir por razones de salud.

La mayoría que se necesitaba para la elección, que debía ser superior a dos tercios, era de tan solo 89 votos. Si más de cien cardenales habían sido puestos por Francisco y seguían su línea pastoral, no podía haber demasiadas sorpresas. Así, pues, ¿era John Francis Prevost el candidato elegido por el papa Francisco?

Eso lo veremos en el siguiente capítulo, en el que nos centraremos en la elección de este último cónclave. Pero entendamos antes la figura del cardenal, que es quien elige a los papas.

La creación del Colegio Cardenalicio

Es curioso que la Iglesia católica se gobierne mediante un órgano que no aparece en la Biblia y que no surgió formalmente hasta el siglo XI. Otra ironía es que este colegio tenga tantas similitudes con el Sanedrín.

Para que nos hagamos una idea de las similitudes entre las dos instituciones, vamos a ver algunas de sus coincidencias. La palabra hebrea *sanhedrín* significa textualmente 'asamblea'. Era una institución política y religiosa del judaísmo, que tenía su sede en el Segundo Templo, y tampoco era una institución bíblica; había sido creada por el gobierno de Judea y asistía en sus funciones al Sumo Sacerdote.

El Sanedrín estaba compuesto por 71 miembros, lo mismo que el Colegio Cardenalicio cuando se fundó, aunque en su caso eran 70. El Sanedrín estaba presidido por el Sumo Sacerdote y el Colegio Cardenalicio por el Sumo Pontífice. Sus miembros eran ancianos, escribas y sacerdotes, y en el caso del Colegio, sacerdotes, obispos y seglares muy cercanos al papa. Las funciones del Sanedrín eran la interpretación de la Torá, la confirmación o rechazo de profecías y la representación del pueblo de Israel.

Las funciones del Colegio Cardenalicio son la elección del papa y asesorarlo en su gobierno. De hecho, muchos cardenales tienen puestos de responsabilidad en la administración del Vaticano y la curia. También presiden las congregaciones o los dicasterios y representan a la Iglesia Universal. No es un tribunal como el Sanedrín, pero sí actúa como tal para dirimir asuntos con sabiduría.

El Sanedrín judío en tiempos de Jesús y el Colegio Cardenalicio de la Iglesia católica presentan notables coincidencias en su estructura, funciones y simbolismo, a pesar de pertenecer a contextos religiosos distintos. A continuación, se presenta una tabla comparativa (tabla 8.1) que resume estas similitudes.

Tabla 8.1. Tabla comparativa de las similitudes entre el Sanedrín y el Colegio Cardenalicio

Elemento	Sanedrín (judío)	Colegio Cardenalicio (católico)
Número de miembros	71	Entre 70 y 137 (actualmente unos 120 electores)
Presidencia	El Sumo Sacerdote	El papa (escogido por ellos)
Grado de autoridad	Máxima autoridad religiosa y judicial	Máxima autoridad electoral y de asesoría
Función espiritual	Interpretar la ley y juzgar asuntos religiosos	Aconsejar sobre doctrina, fe y disciplina
Selección interna	Elegidos entre sabios, escribas y sacerdotes	Elegidos por el papa entre obispos, teólogos y presbíteros
Sede	Jerusalén, junto al Templo	Roma, junto a la Sede Apostólica
Aspecto simbólico	Representación de las 12 tribus + 1 jefe	Representación de la Iglesia Universal + el papa
Colores y vestimenta	Blancos y azules (según linaje y tribu)	Rojo escarlata, símbolo del martirio

Fuente: elaboración propia.

Además de estas coincidencias, podemos ver que muchas de sus funciones eran similares: la interpretación de la doctrina, sus funciones disciplinarias y el hecho de estar compuesto por un número limitado y muy jerarquizado de personas con alto reconocimiento teológico y moral, así como experiencia religiosa.

«La Iglesia no cayó del cielo con toda su estructura presente desde el principio, sino que se fue formando históricamente como una comunidad en continuidad con el Israel de Dios».[49]

Sin duda, la Iglesia católica ha tomado prestadas formas e instituciones de otras religiones o cultos. El Colegio Cardenalicio no es una excepción.

El papa Benedicto XVI lo expreso así: «Tradición es el río de la nueva vida que fluye desde los orígenes, desde Cristo hasta nosotros, y nos hace partícipes de la historia de Dios con la humanidad».[50]

Por ejemplo, el uso del nombre de Sumo Pontífice es una herencia romana que hace alusión a *Potifex Maximus*, el título que recibía quien presidía el colegio de los pontífices, que supervisaban el culto estatal romano y el calendario religioso. Los emperadores siguieron utilizando este título hasta el emperador Graciano (siglo IV). El primer papa que lo utilizó fue Gregorio VII en el año 1073, aunque ya se utilizaba antes para designar a los obispos de Roma.

[49] Rahner, Karl, *Escritos teológicos VII*, Herder, Barcelona, 1981.

[50] *Vatican News*, 3 de mayo de 2006, <https://www.vatican.va/content/benedict-xvi/es/audiences/2006/documents/hf_ben-xvi_aud_20060503.html>.

La mitra era el tocado usado por los sumos sacerdotes del Templo de Jerusalén y es descrita en Éxodo 28, 36-39. Al principio, los papas usaban un gorro cónico que imitaba al romano. La mitra se encuentra en otras religiones, como las asirias y las mesopotámicas, pero también en el culto a Amón o el zoroastrismo.

El Colegio Cardenalicio, como ya dijimos, surge en el siglo XI, cuando el papa Nicolás II lo creó mediante su bula *In nomine Domini* en 1059. En esta bula, el papa le concedía la autoridad al clero romano para elegir al papa, en este caso representado por los cardenales-obispos. Así pretendía acabar con la influencia de las familias poderosas romanas, que intentaban poner a un partidario de su clan, pero también frenar las pretensiones de los emperadores germánicos y profesionalizar a la Iglesia para que fuera más independiente.

El término *cardenal* se usaba para denominar a los presbíteros principales de las iglesias titulares de la ciudad de Roma. A medida que pasaban los siglos, el Colegio Cardenalicio fue adquiriendo muchas más funciones, como la de la diplomacia, las labores administrativas y las doctrinales.

El papa Sixto V dijo sobre esta institución: «El Colegio de Cardenales es el Senado del papa, que lo asiste en el gobierno de la Iglesia Universal».[51]

El término *cardenal* proviene del latín *cardo* o *cardinis*, 'bisagra' o 'punto de giro'. Los cardenales son los que sostienen y hacen girar la Iglesia.

[51] Sixto V, en su constitución apostólica *Immensa aeterni Dei*, 1588.

El historiador Eamon Duffy comentó de los cardenales: «El resultado inevitable de todo esto fue la creación de una clase cardenalicia rica, con fuertes conexiones dinásticas».[52]

Ese poder y esa riqueza eran notorios, sobre todo en la época del Renacimiento. Por eso eran tratados como príncipes de la Iglesia y recibían el nombre de «eminencias».

El papa Francisco quiso cambiar la terminología y la filosofía que conllevaba al afirmar: «Es muy feo para la Iglesia cuando los pastores se convierten en príncipes alejados de la gente, alejados de los más pobres».[53]

Durante siglos, todos los cardenales eran romanos o italianos. Después se fue ampliando a otras regiones de la Iglesia católica, y también los hubo laicos, aunque el último fue en 1858, Teodolfo Mertel, nombrado por el papa Pío IX.

Aunque ha habido algunos escándalos de compra de votos a lo largo de la historia, como en el caso del cónclave de 1492, con el papa Alejandro VI (Rodrigo Borgia), o los escándalos desde 1314 al 1316 por la lucha entre cardenales franceses e italianos, la mayoría de las veces los cónclaves se han desarrollado con normalidad.

Ha habido acusaciones de nepotismo a algunos papas por nombrar a familiares como cardenales, por ejemplo, Sixto IV, que nombró a su sobrino Guiliano della Rovere, quien después se convertiría en Julio II, pero toda institución, mucho más esta, que es milenaria, ha tenido y tendrá algunos puntos oscuros.

52 Duffy, Eamon, *Santos y pecadores: Una historia de los papas*, PPC Editorial, Boadilla del Monte, 1998.

53 *Vatican News*, 14 de septiembre de 2016, <https://press.vatican.va/content/salastampa/es/bollettino/pubblico/2016/09/14/catequesis.html>.

Lo que sí podemos afirmar es que el cónclave de 2025 fue preparado a conciencia por Francisco I para evitar escándalos como el del cardenal Angelo Becciu, destituido por Francisco en 2020 por malversación de fondos. El anterior papa luchó por reformar la Iglesia, para que los cardenales fueran más pastorales y no meros administradores de una de las multinacionales más grandes del mundo.

¿Pudo influir en la elección de León XIV que los cardenales elegidos por el anterior pontífice siguieran la línea más progresista? ¿El papel de Prevost antes de ser elegido ayudó a su nombramiento? Y, por último, ¿era Prevost el candidato favorito del papa Francisco?

No es sencillo, pero vamos a intentar responder a todas estas preguntas en el próximo capítulo, en el que analizaremos el cónclave, las votaciones y la rápida elección del nuevo papa León XIV, que, aunque no fue especialmente corto, sin duda sí sorprende que el segundo día, en la primera votación de la tarde, los cardenales ya se decantaran por un candidato que parecía desconocido para el gran público y que asistía por primera vez a un cónclave.

9

El cónclave de 2025: ambiente, tensiones, elección y nombre elegido

Los candidatos y la elección final de los cardenales

> Estamos aquí para invocar el auxilio del Espíritu Santo, para implorar su luz y su fuerza, a fin de que sea elegido el papa que la Iglesia y la humanidad necesitan en este momento de la historia tan difícil y complejo.[54]

El papa Francisco, como buen jesuita, no dejó nada al azar. Nombró una comisión para cambiar la constitución apostólica en cuanto ascendió al trono pontificio. La renovación de la constitución ya había sido reclamada por algunos cardenales ante los problemas que habían surgido en el ante-

[54] El 7 de mayo de 2025, durante la misa *Pro eligendo Pontifice* en la basílica de San Pedro, el cardenal Giovanni Battista Re, decano del Colegio Cardenalicio, instó a los cardenales electores a elegir «al papa que la Iglesia y la humanidad necesitan en este momento de la historia tan difícil y complejo», *Infobae*, 7 de mayo de 2025, <https://www.infobae.com/america/mundo/2025/05/07/conclave-2025-en-la-misa-previa-el-cardenal-decano-del-vaticano-pidio-a-los-electores-elegir-al-papa-que-la-humanidad-necesita>.

rior pontificado, ya que la *Pastor Bonus* de Juan Pablo II se había quedado obsoleta y, sobre todo, no había logrado frenar los problemas que el Vaticano llevaba arrastrando por décadas.

El Consejo de Cardenales encargado de cambiar la constitución en 2013 se dio cuenta enseguida de que era mejor cambiar por completo todo el documento. Durante cinco años, el consejo estuvo trabajando en el nuevo documento y después fue presentado al papa Francisco para su aprobación y revisión. A continuación, el proyecto fue enviado a los dicasterios y a las conferencias episcopales de los distintos países, para que aportaran sus opiniones. En diciembre de 2020, el Consejo de Cardenales se reunió de forma online para ver qué pasos había que seguir cuando llegaran las aportaciones de los dicasterios y las opiniones de los obispos.

En julio de 2021, el texto pasó a los canonistas, para que lo convirtieran en un documento jurídico válido. El 19 de marzo de 2022, casi una década más tarde, coincidiendo con el noveno aniversario de la llegada del papa Francisco a su cargo, la nueva constitución fue promulgada y publicada. El 21 de marzo, el documento fue presentado en la Sala de Prensa.

La nueva constitución se denominó *Praedicate evangelium* y cambió de forma drástica la forma de gobernar el Vaticano y, por ende, la Iglesia católica. Algunos de los puntos más polémicos, precisamente los que necesitaban cambiarse urgentemente, fueron la creación de un Consejo para la Economía y la Secretaría para la Economía y la Oficina del Revisor General.

La nueva constitución terminó con el modelo jerárquico de las anteriores: los cardenales ya no estaban por encima de los obispos ni servían de intermediarios del papa.[55]

Otro de los cambios más importantes es la incorporación de laicos, tanto hombres como mujeres, aunque lo que era más relevante para los posteriores cónclaves y elecciones de los papas es que las personas que podían acceder a los nombramientos debían tener experiencia pastoral, y los cargos durarían cinco años y serían supervisados constantemente.

El papa Francisco estaba preparando no solo a su sucesor, sino que estaba planteando cómo se iba a organizar la Iglesia católica a partir de entonces.

El cónclave

El sistema de votación para la elección de un nuevo papa es muy sencillo y parte de una larga tradición eclesiástica. La palabra proviene del latín *cum clave*, que literalmente significa 'con llave'. Esta palabra hace alusión al secreto estricto en el que se celebra la votación, bajo el juramento de guardar el secreto de lo que suceda durante las diferentes sesiones.

En los primeros siglos del cristianismo no existían cónclaves, ya que los papas eran elegidos por los sacerdotes de Roma, con el asentimiento del pueblo romano. Fue a partir

[55] Agencia Católica de Noticias, «El papa Francisco reforma la curia romana con la publicación de la Constitución del Vaticano», 19 de marzo de 2022.

de 1059, bajo el papado de Nicolás II, cuando se promulgó el decreto *In nomine Domini*, que estableció que la elección quedaba en manos solo de los cardenales, que solían ser todos obispos, con el fin de limitar la influencia del emperador y del pueblo de Roma, que intentaban intervenir en la elección de los papas, que ostentaban un gran poder religioso, pero también un gran poder político, pues tenían la posibilidad, por ejemplo, de excomulgar a un rey.

Las cosas se complicaron en el año 1271, cuando, después de tres años de deliberaciones, entre 1268 y 1271, la sede permaneció vacante porque los cardenales no se ponían de acuerdo, así que fueron encerrados bajo llave por los ciudadanos de Viterbo. En este primer «cónclave», la comida fue racionada y los obispos fueron obligados a reunirse en un lugar a la intemperie para que no demoraran más el acuerdo. A partir de entonces, el papa Gregorio X estableció una forma regulada para elegir a los papas.

En el Segundo Concilio de Lyon, en 1274, se establecieron una serie de normas para la votación de los papas, como el encierro y la votación secreta. Con el tiempo se fueron añadiendo otras reglas.

En 1878, se comenzó a celebrar el cónclave en la Capilla Sixtina y en 1970 se creó la norma de que únicamente los cardenales menores de 80 años podían votar. También se instituyó que habría cuatro votaciones por día, para acelerar el proceso, y que la mayoría requerida debería ser de dos tercios de los votos. Otro elemento, que suele levantar expectación, era el uso de la fumata blanca o negra para avisar al pueblo de Roma y al resto de la cristiandad de la elección del nuevo papa.

La primera vez que se institucionalizó la fumata blanca fue en el cónclave que eligió al papa Pío X en el año 1903, aunque ya se había usado en otras elecciones anteriores.

La fumata negra señala que el número de votos no ha alcanzado los dos tercios, y la fumata blanca, que ya se ha elegido al nuevo papa. Antiguamente, el color blanco se producía porque quemaban los papeles usados para las votaciones, que producía un humo más claro. Antes de las fumatas, la elección solía anunciarse con el tañido de las campanas o mediante el anuncio por parte de un cardenal diácono. Para que el color del humo no diera pie a la confusión, a partir de 1978, en el cónclave que eligió a Juan Pablo I, se mejoró la composición de lo que iba a ser quemado en la estufa añadiendo productos químicos.

El significado de las fumatas es muy simple: mientras salga negra, representa el duelo de la Iglesia, que aún no tiene papa; la blanca, por el contrario, quiere manifestar la alegría, la luz y la pureza que conlleva la elección de un nuevo papa.

El cónclave fue evolucionando a lo largo de los años, sobre todo tras los episodios de corrupción durante el Renacimiento.

En 1621, el papa Gregorio XV intentó que todo el proceso fuera mucho más transparente, para que no se produjeran fraudes, como el uso de papeletas falsas, por lo que se introdujeron las papeletas impresas.

En 1996, el papa Juan Pablo II modificó el proceso con la *Universi Dominici Gregis*. El papa Benedicto XVI añadió que se necesitarían dos tercios para aceptar al nuevo papa en todas las rondas.

Los cónclaves suelen ser cortos, pero el de 1268, que ya mencionamos, duró dos años y nueve meses. En cambio, el más corto apenas transcurrió en unas 10 horas, tras lo cual fue elegido Julio II.

Normalmente los elegidos suelen ser cardenales. El primero que fue elegido sin serlo fue Urbano VI en el año 1378.

Algunos de los cambios introducidos en los últimos años buscaban agilizar la elección, como el cambio de la mayoría requerida si se llegaba a treinta y cuatro votaciones: solo haría falta una mayoría absoluta y no los dos tercios.

En 1996, se prohibió la elección por aclamación, tenía que ser siempre por recuento de los votos.

La enfermedad de Bergoglio

La convocatoria de este cónclave no fue tan sorpresiva como la anterior, cuando se produjo la dimisión de Benedicto XVI por razones de salud. Aunque en el fondo su decisión estaba muy relacionada con los problemas que arrastraba el pontificado, no la esperaba nadie. Este último cónclave, en cambio, responde a la consecuencia lógica del deterioro físico y posterior fallecimiento del papa Francisco.

Desde joven, Bergoglio había padecido problemas respiratorios debido a la extirpación de un pulmón a la edad de 21 años. Y si tenemos en cuenta que solo tenía un pulmón, la salud del papa había sido bastante buena hasta pocos meses antes de fallecer.

El papa Francisco también tenía problemas de ciática y artrosis en una rodilla, y fue operado de una hernia abdominal en 2023, aunque hay que insistir en que su salud fue francamente buena.

El 14 de febrero de 2025, el papa fue hospitalizado en el Policlínico Universitario Agostino Gemelli de Roma a causa de una bronquitis, que luego se le complicó hasta convertirse en una neumonía bilateral, con infección polimicrobiana.

Durante el mes largo que estuvo ingresado, sufrió varias crisis respiratorias agudas, que lo llevaron a necesitar transfusiones por anemia y una oxigenoterapia de alto flujo.

Como el papa no mejoraba, tuvo que permanecer ingresado, ante la preocupación generalizada de sus fieles, durante treinta y ocho días.

El 23 de marzo recibió el alta, pero con la necesidad de continuar convaleciente y asistido médicamente en su residencia, la Casa de Santa Marta.

No se esperaba que interviniera en los actos religiosos de la Semana Santa e incluso se había especulado con que pudiera dimitir si su estado de salud no mejoraba. Contra todo pronóstico, apareció el 20 de abril, el Domingo de Resurrección, aunque su estado parecía muy deteriorado. Logró dar el *urbi et orbi* desde el balcón de la plaza de San Pedro, lo que hizo pensar a algunos que había experimentado una ligera mejoría, y a otros, que no debían haberle dejado salir en ese estado de salud.

Apenas unas horas más tarde, a las 7:35 del 21 de abril, falleció en su residencia por un derrame cerebral, que derivó en un coma y un colapso cardiovascular irreversible.

El papa Francisco había pedido que se informara de su salud a los medios y a los fieles, evitando el secretismo que solía rodear a este tipo de eventos anteriormente.

Algunos vieron en su aparición el día de Resurrección un acto de valentía y responsabilidad pastoral, aunque otros lo consideraron una imprudencia.

Tras el fallecimiento de Francisco el 21 de abril, comenzó el proceso para la elección de un nuevo pontífice, siguiendo los protocolos establecidos por la constitución apostólica en su *Universi Dominici Gregis*. Primero, el cardenal camarlengo, Kevin Farrell, confirmó el fallecimiento del papa y anunció el inicio del periodo de sede vacante. Tras el anuncio de la muerte, comenzaron los denominados «novendiales», que consisten en nueve días de luto por el papa difunto, durante los cuales se celebran misas en su honor. El entierro, más modesto de lo habitual, fue celebrado en la basílica de San Pedro el 29 de abril, y después el cuerpo fue enterrado en la basílica de Santa María la Mayor, en una tumba sencilla que había elegido previamente el papa.

El cónclave fue convocado el 7 de mayo, dentro de los quince a veinte días estipulados por la normativa canónica. Mientras se esperaba la llegada de los 133 cardenales que tenían que asistir al cónclave, los focos del mundo se dirigieron sobre Roma para observar cada detalle de la elección de uno de los hombres más poderosos del mundo.

El cónclave de 2025

El 7 de mayo estaban convocados los 135 cardenales que debían asistir a la elección. Dos cardenales habían solicitado que los disculparan por problemas de salud. Por su parte, el cardenal italiano Giovanni Angelo Becciu, que había sido disciplinado en 2020 por un escándalo financiero, insistió hasta última hora en participar en las votaciones.

Becciu fue el primer cardenal condenado en la historia de la Iglesia por un escándalo inmobiliario, un suceso que tuvo lugar en Londres. Ante su insistencia, el secretario de Estado, el cardenal Pietro Parolin, presentó dos cartas del papa Francisco, una fechada en 2023 y otra en marzo de 2025, en las que prohibía expresamente la participación de Becciu en el cónclave.

A las 10 de la mañana del 7 de mayo, en la basílica de San Pedro se celebró una misa presidida por el cardenal Giovanni Battista Re, el decano del Colegio Cardenalicio. La misa tenía la intención de que sirviera de inspiración a los cardenales ante la gran responsabilidad que recaía sobre sus hombros.

Al terminar la ceremonia, Battista Re se acercó al cardenal Pietro Parolin, al que muchos consideraban uno de los candidatos más fuertes del cónclave, y le dijo: «Auguri doppi», es decir, «Felicidades por partida doble».[56] La felicitación llamó la atención de los asistentes y parecía vaticinar que Parolin podría ser elegido como el nuevo papa. También resultó curioso que el cardenal Battista Re no mencionara al difunto papa en su homilía, como suele ser costumbre.

Algunos pensaron que el bloque conservador intentaría crear disensión y debate para que se eligiera a un papa más afín a sus posturas. Los cardenales, al igual que el resto de la

[56] *Infobae*, «Un mensaje entre cardenales en medio de la misa generó suspicacias: "Felicidades, por partida doble"», 7 de mayo 2025, <https://www.infobae.com/america/mundo/2025/05/07/a-minutos-del-conclave-un-mensaje-entre-cardenales-en-medio-de-la-misa-genero-suspicacias-felicidades-por-partida-doble>.

Iglesia católica, están divididos en un ala más conservadora y otra más progresista. En el bloque conservador se encuentran figuras como el cardenal estadounidense Raymond Leo Burke, que había criticado muchas de las reformas de Francisco; el cardenal guineano Robert Sarah, que desea que regrese la liturgia tradicional y es muy conservador por lo que respecta a la moral sexual, y el alemán Gerhard Ludwig Müller, el tercer cardenal más influyente de esta ala conservadora, al que no le gustaban los cambios doctrinales que habían tenido lugar y había sido elegido prefecto de la Congregación para la Doctrina de la Fe.

La mayoría del bloque conservador proviene de Estados Unidos y Europa central. En realidad, eran minoría en el cónclave, pues como vimos en el capítulo anterior, el papa Francisco había elegido a un gran número de los nuevos cardenales, la mayoría de fuera de Europa, para que se consolidaran los cambios que había comenzado más de una década antes en la Iglesia católica.

Los conservadores tenían superioridad bajo los pontificados de Juan Pablo II y Benedicto XVI. Pero en este cónclave tenían poco peso y menos posibilidades de conseguir un papa más acorde a sus líneas teológicas y litúrgicas. Entre sus ideas están la defensa de una doctrina más tradicional y la oposición a las reformas de los últimos años. Son críticos con la sinodalidad, la apertura a las mujeres, el matrimonio homosexual y el celibato opcional. También les preocupa la ambigüedad doctrinal en la que se movía el papa Francisco.

En el bloque progresista, que en la actualidad es el más numeroso, destacan líderes como el cardenal filipino Luis Antonio Tagle, que era uno de los candidatos al papado del que más se hablaba. Algunos lo denominaban el «Francisco asiático», que propone una Iglesia más misionera y cercana a los más necesitados. Cabe mencionar también al cardenal italiano de Bolonia, Matteo Zuppi, que ha mediado en diferentes conflictos y desea un enfoque más pastoral dentro de la Iglesia, además de al cardenal Jean-Marc Aveline, de origen francés, defensor del diálogo interreligioso y la acogida a los inmigrantes.

Este bloque progresista era el más amplio, ya que el papa Francisco había elegido a los nuevos cardenales con un perfil más pastoral y una ideología más progresista. A pesar de ser el bloque mayoritario, no se presentó al cónclave con un candidato claro y con algunas diferencias ideológicas.

El bloque más progresista estaba a favor de las reformas del papa Francisco, como la participación sinodal, la inclusión de los laicos y la incorporación de las mujeres en los dicasterios. Además, la mayoría de este bloque quería que continuara el diálogo sobre temas como el celibato opcional, la bendición a las parejas homosexuales y el diaconado femenino, que sería el primer paso hacía el sacerdocio de las mujeres. En algunos de estos temas había disensiones, pero casi todos estaban de acuerdo en el enfoque más social hacia los desafíos contemporáneos.

Desde el comienzo del cónclave, los dos bloques intercambiaron sus opiniones e intentaron que los cardenales más indecisos se aproximaran a sus posturas. Mientras que los conservadores querían revertir los cambios implantados por el papa Francisco, los progresistas aspiraban a fortalecerlos.

La primera votación iba a ser la más reñida, hasta que se lograra encontrar un candidato de consenso del gusto de la mayoría.[57]

Las mayores tensiones se veían en el ala conservadora, que llevan nueve años fuera del poder y han visto que en poco tiempo se han cambiado muchas cosas en el Vaticano.

Entre los rumores que se escucharon sobre el cónclave, está el del mal estado de salud de Pietro Parolin, de 70 años y uno de los candidatos mejor posicionados, pero enseguida fue desmentido, aunque el cardenal francés Philippe Barbaron puso en duda la capacidad del antiguo secretario de Estado vaticano.

Otro de los candidatos más progresistas, el filipino Luis Antonio Tagle, también recibió críticas por su supuesta falta de acción en los casos de abusos sexuales y su gestión de Cáritas.

Las acusaciones más graves contra el ala progresista aparecieron en boca del cardenal alemán Gerhard Ludwig Müller, que dijo que el anterior pontífice era un «hereje» y cuestionó los acuerdos con China de 2018. Incluso llegó a insinuar que, de continuar con la misma línea, el nuevo papa podía verse abocado a un cisma.[58]

El ambiente estaba tenso cuando los cardenales entraron en la Capilla Sixtina el 7 de mayo a las 16:30 de la tarde. Los 133 cardenales con derecho a voto cantaban el *Veni*

[57] Villareal, Guillermo, «La sucesión del papa Francisco: "progresistas" y conservadores van a una elección histórica», *Letra P*, 5 de mayo de 2025, <https://www.letrap.com.ar/religiones/la-sucesion-del-papa-francisco-progresistas-y-conservadores-van-una-eleccion-historica-n5415717>.

[58] Ibídem.

Creator Spiritus mientras se miraban unos a otros pensando que uno de ellos se convertiría en el nuevo papa.

Aunque había algunos favoritos, como ha ocurrido otras veces, nadie podía saber a ciencia cierta quién sería el nuevo pontífice.

En la calurosa votación de 1978, cuando se buscaba sucesor a Pablo VI, la primera votación quedó muy repartida: Siri, 25 votos; Luciano, 23 votos; Pignedoli, 18 votos; Baggio, 9 votos, y el resto repartido entre otros seis candidatos. En la segunda votación, el patriarca de Venecia, Albino Luciani, obtuvo 66 votos; seguido por Pignedoli, con 19, y Lorscheider, con 14. El margen creció en la tercera votación, y luego en la cuarta, el papa Juan Pablo I tuvo 96 votos.

En el caso de Juan Pablo II, en el cónclave celebrado en octubre de ese mismo año se necesitaron ocho votaciones: una buena parte quería escoger a Giovanni Benelli, que era apoyado por el sector progresista, y enfrente estaba el arzobispo de Génova, Edoardo Siri. En las primera cuatro votaciones, los favoritos agotaron sus oportunidades, en una partida que terminó en empate. En la quinta votación apareció con fuerza el polaco Wojtyla con 52 votos, pero no fue hasta la octava votación cuando el polaco obtuvo 97 y se convirtió en Juan Pablo II.

En el cónclave en el que se eligió a Benedicto XVI, este aparecía desde el principio como favorito. En la primera votación, un periodista italiano confirmó que Ratzinger sacó 47 votos y sus rivales quedaron muy lejos; Bergoglio quedó en segundo lugar con 10 votos y Carlo Maria Martini con 9. Martini se dio cuenta de que nunca saldría elegido y apoyó a Bergoglio. El alemán obtuvo 65 votos en la segunda votación y el argentino 35 votos, y en la tercera el alemán llegó hasta los 72 y el argentino hasta los 40. En ese momento, en la cuarta votación, Bergoglio se retiró y Ratzinger fue elegido por 84 votos.

En las votaciones para elegir al papa Francisco, las cosas fueron más complejas. Los 115 cardenales convocados tenían muchos posibles candidatos. En la primera votación, el arzobispo de Milán, Scola, obtuvo 30 papeletas; a pesar de ser el favorito de Benedicto XVI, no logró demasiado apoyo. El segundo fue Bergoglio con 26 votos, y el tercero Oullet, que era estadounidense. En la segunda votación, Bergoglio obtuvo 45, frente a Scola que tuvo 38. Muchos de los cardenales no querían a un italiano de nuevo en la sede episcopal, y Oullet se había quedado estancado. En la tercera votación, el argentino tuvo 56 frente a los 41 del italiano. En la cuarta votación, Bergoglio se quedó al borde de la mayoría absoluta con 67 votos y Scola bajó a 32. En la quinta votación, el argentino fue proclamado como nuevo papa.

En el cónclave anterior se vio que las diferencias entre progresistas y conservadores habían aumentado, por lo que se tardó más en llegar a un acuerdo.

La primera votación del 7 de mayo de 2025 indicaba que iba a ser reñida, sin un candidato claro. En las reuniones de las congregaciones, Prevost había gustado mucho a los obispos y cardenales, al ver en él a un hombre moderado y capaz, tras un discurso de unos pocos minutos, que voluntariamente podía realizar cualquier cardenal, pero que solo los que aspiran a ser papas hacen.

Estos encuentros de las congregaciones se hacen los días previos al cónclave y suelen tocar diferentes temas relevantes o urgentes para le Iglesia. También se tocan otros temas, como la elección de los predicadores del cónclave, que, aunque parece un asunto menor, pueden decantar la opinión del resto de los cardenales. En estas reuniones también se determinó cuándo comenzaría el cónclave.

Entre los temas más importantes que trataron las congregaciones, están el de la crisis de los abusos sexuales, los desafíos de la evangelización y el ecumenismo. Otro de los temas más importantes de una de las últimas congregaciones fue el financiero, que preocupa mucho a la curia en la actualidad. Durante la comida previa a la primera votación, el nombre de Prevost ya comenzó a oírse en los corrillos. Algunos incluso comentaban que Francisco lo había dejado todo preparado, porque, como buen jesuita, no le gustaba dejar nada al azar.

En una transmisión en vivo de la revista *Vida Nueva*, José Beltrán comentó que en este cónclave solo una minoría ruidosa no quería el consenso, cosa que demostraría la rapidez de la elección del nuevo papa, aunque también podría significar que Francisco preparó un Colegio Cardenalicio a su imagen y semejanza.[59]

Desde el primer día, la mayoría de los cardenales querían que continuaran las reformas que había emprendido el papa Francisco.

Muchos conocían a Prevost como el gran hacedor de obispos del planeta, uno de los puestos donde el papa

[59] Cervilla, Paloma, «La candidatura de Prevost cuajó el primer día y su discurso en las congregaciones fue clave», *The Objective*, 10 de mayo 2025, <https://theobjective.com/sociedad/2025-05-10/papa-leon-vaticano-prevost-discurso-candidatura/>.

Francisco lo había colocado. Bergoglio siempre comentó que había venido a abrir procesos, y entre ellos posiblemente estaba también la elección de su sucesor.

Prevost reunía algunas cualidades destacables, aunque no apareciera en las quinielas de los papables, especialmente su capacidad de organización, pero también su perfil pastoral y misionero.

Otra de las cosas más curiosas que había sucedido durante las congregaciones es que el inglés se había impuesto como idioma oficioso del Colegio Cardenalicio, mucho más que el latín o el italiano, lo que indicaba el mayor peso que habían adquirido los cardenales no italianos ni europeos.

Timothy Dolan, el cardenal de Nueva York, muy cercano a las tesis de Donald Trump, tuvo en el cónclave un papel decisivo, como ya pasó en el de Francisco, al convencer a los cardenales americanos de que apoyaran al argentino. Los más cercanos al trono de Francisco estaban demasiado divididos y algunos conservadores no querían que saliera Parolin, que había sido el artífice del tratado con China, lo que no había gustado a casi nadie.

Las papeletas se repartieron con el siguiente formato:

Et ego [nombre] Cardinalis [apellido] spondeo, voveo ac iuro. Sic me Deus adiuvet et haec Sancta Dei Evangelia, quae manu mea tango.

La traducción era:

> Y yo, [nombre] cardenal [apellido], prometo, me obligo y juro. Que Dios me ayude y estos Santos Evangelios que toco con mi mano.

Tras prestar el juramento, Diego Ravelli, maestro de ceremonias pontificias pronunció la fórmula: «Extra omnes». La Capilla Sixtina se cerró a las 17:46 y antes de la votación de la tarde, el cardenal Raniero Cantalamessa habló a los cardenales y se extendió tanto que la votación se atrasó y algunos de los cardenales pidieron que se hiciera el recuento al día siguiente, pero al final se hizo esa misma tarde.

La primera reunión quedó igual con tres contendientes. Uno de ellos era el favorito, el cardenal Pietro Parolin, con 40 votos, al que apoyaron sobre todo cardenales europeos e italianos, pero la sorpresa fue que Prevost obtuvo un número de votos superior a Parolin,[60] algo que muy pocos esperaban. El tercero fue el cardenal Péter Erdő, arzobispo de Budapest, que representaba al bloque conservador. En esta primera votación, los conservadores se aprovecharon de la división de los progresistas con sus dos candidaturas.

A las nueve de la noche, los cardenales se retiraron de la Capilla Sixtina, la mayoría reflexionando sobre lo sucedido y pensando cuál sería el próximo paso a seguir.

Para algunos, el hecho de que Péter Erdő fuera húngaro y antieuropeísta era inadmisible; otros no soportaban a

[60] *ANSA*, «Nel conclave il peso degli americani, Dolan "pope maker"», 8 de mayo de 2025, <https://www.ansa.it/sito/notizie/speciali/dalladdio-a-francesco-al-nuovo-papa/2025/05/08/nel-conclave-il-peso-degli-americani-dolan-pope-maker_df58b4dc-fca1-4900-a4bc-f8c9653ed022.html>.

Parolin y los pocos que habían votado a Pierbattista Pizzaballa, patriarca latino de Jerusalén, no querían mover más el polvorín de Tierra Santa.

Los italianos estaban divididos: muchos de ellos estaban en contra de Parolin, que no había defendido frente al papa Francisco que hubiera más italianos en los dicasterios.

Aquella noche, muchos comenzaron a pensar que el candidato perfecto sería Robert Francis Prevost, un cardenal relativamente joven que no había llegado a los 70 años.

Müller, uno de los más conservadores y enemigo de Francisco, habló con los cardenales latinos y les preguntó por Prevost, y estos le comentaron que no era un hombre divisivo.

Esa noche, Prevost evitó entrar en los debates de los cardenales e hizo oídos sordos a los comentarios que había sobre su candidatura. Esa discreción también jugó a su favor.[61]

Por la mañana, algunos ya lo veían como una salida segura, que les ayudaría a superar las candidaturas rivales y la lucha entre conservadores y progresistas.

Algunos intuyeron que las cosas iban a suceder muy deprisa. Por ejemplo, el cardenal Pablo Virgilio David dijo que no le iba a dar tiempo a usar toda la ropa que había traído para cinco días, porque todo se iba resolver muy rápido.

Los cardenales americanos también conocían bien a Prevost, como el cardenal Baltazar Enrique Porras Cardozo de Venezuela, que lo consideraba uno de los suyos.

[61] Horowitz, Jason, *et al.*, «Así fue el cónclave que eligió a Robert Prevost como papa», *The New York Times*, 11 de mayo de 2025, <https://www.nytimes.com/es/2025/05/11/espanol/mundo/conclave-papa-leon-robert-prevost.html>.

Todos veían que el norteamericano tenía mucha experiencia en el Vaticano, pero había conservado su perfil pastoral y misionero, mientras que Parolin solo había destacado en sus labores diplomáticas. Pero un papa es mucho más que un político.

El miércoles, día 8, el cónclave comenzó muy temprano. La primera votación concluyó a las 10:30 y la segunda a las 11:45. En ambas votaciones, Pietro Parolin obtuvo unos cincuenta votos, pero los africanos y los asiáticos no votaron a su favor. Sin ellos no podía ser papa. Algunos de ellos comenzaron a votar por Prevost, aunque el voto progresista seguía muy dividido porque había candidatos como Jean-Marc Avelin o Mario Grech que obtuvieron algunos votos. También consiguieron votos los dos filipinos, Luis Antonio Tagle y Pablo Virgilio David.

Prevost recibió casi el apoyo masivo de los cardenales del continente americano y, sorprendentemente de Timothy Dolan, al que algunos denominan el «hacedor de reyes». Doland prefería un perfil más moderado como su homólogo norteamericano a un nuevo Francisco.

Müller estaba sentado muy cerca de Prevost y observó que el estadounidense parecía tranquilo, pero Tagle, que estaba justo al lado, se dio cuenta de que, a medida que sumaba más votos, Prevost parecía más nervioso, así que le ofreció un caramelo.

Tobin se giró mientras colocaba su papeleta en la urna y vio a Prevost con la cabeza entre las manos, como si ya notara el peso de lo que podía suceder.

Curiosamente, Prevost se había sentado en el mismo lugar que el papa Francisco antes de ser elegido.

En la primera votación de la tarde, Prevost tuvo el voto mayoritario de los cardenales, alcanzado más de 100 votos, lo que superaba con creces los 89 necesarios.

Cuando se dieron a conocer los resultados, todos los cardenales se pusieron de pie y comenzaron a aplaudir, mientras el estadounidense seguía sentado. Un cardenal le ayudó a levantarse y muchos comenzaron a llorar de emoción, al ver la actitud del nuevo papa.

La votación no había terminado y Parolin pidió a los cardenales que se sentaran hasta que la votación acabara.

La votación fue abrumadora según el cardenal Désiré Tsarahazana de Madagascar. Se le acercó Tagle, con el que Prevost había hablado unos días antes sobre las reglas del cónclave y le dijo que ahora podía cambiarlas si quería.

El nuevo papa había sido elegido en la cuarta votación porque muchos habían visto en él a un hombre de consenso.

Un nuevo papa

A las 18:07 del 8 de mayo de 2025, la chimenea improvisada de la Capilla Sixtina soltó su esperado humo blanco. Toda la gente que había en la plaza de San Pedro miró hacia los cielos de Roma como si hubieran visto descender al mismísimo Espíritu Santo en forma de paloma blanca.

Los medios de comunicación trabajaban a toda máquina, la gente especulaba sobre quién sería el nuevo papa, hasta que a las 19:30, más de una hora más tarde, el cardenal protodiácono Dominique Mamberti anunció el nombre.

Lo hizo con una sonrisa en los labios, haciendo una larga pausa para que la gente de la plaza comenzara a escuchar, pero sus palabras fueron claras: «Habemus papam: eminentissimum ac reverendissimum dominum Robertum Francisci Prevost, qui sibi nomen imposuit Leonem Quartum Decimum».[62]

Una hora antes, después de ser aclamado por sus hermanos cardenales y tras haber aceptado el cargo de papa, el recién nombrado León XIV se dirigió a la famosa Sala de las Lágrimas, una pequeña capilla adyacente a la Capilla Sixtina, para orar.

La Sala de las Lágrimas comenzó a utilizarse como recinto para vestir al nuevo papa de blanco en el siglo XX. En la sala hay preparadas tres sotanas de diferentes medidas, para adaptarse a la talla del individuo que será el nuevo Sumo Pontífice.

En 1903, el papa Pío X rompió a llorar desconsoladamente y dicen que comentó que el papado no era un honor, sino una cruz. Medio siglo más tarde, Juan XXIII sollozó durante varios minutos y después exclamó en voz alta: «¡¿Cómo voy a ser papa yo?!». En 1978, Juan Pablo II estaba más sereno, pero se puso a orar fervientemente durante un buen rato. En 2005, Benedicto XVI, según los testigos de su nombramiento, parecía pálido, impactado y se quedó sentado unos minutos sin decir palabra. El papa Francisco

[62] RTVE, «*Habemus papam*: Prevost, nuevo papa León XIV: su nombre se ha anunciado en latín desde el balcón de San Pedro», 8 de mayo de 2025, <https://www.rtve.es/noticias/20250508/habemus-papam-nombre-desvelado-latin-desde-balcon-san-pedro/16571056.shtml>.

cerró los ojos con fuerza y oró hasta que se reveló el nombre de su pontificado.

León XIV pasó mucho rato en silencio, visiblemente emocionado. Cuando salió del recinto, sus ojos estaban enrojecidos.

El nuevo papa se presentó frente a los fieles con un traje mucho más tradicional que su antecesor, como si quisiera mostrar al mundo que tenía su propia personalidad y forma de ver las cosas. Muceta roja, estola bordada que representaba el yugo de Cristo y una cruz pectoral muy personal para él.

Antes de dar su bendición *urbi et orbi*, pronunció un discurso en el que presentaba, de una manera somera, su visión del pontificado y sus nuevas directrices.

A su lado estaban algunos de sus mejores amigos. El cardenal Blase Cupich, arzobispo de Chicago, sonreía mientras el nuevo papa se presentaba al mundo. Este hombre comparte una visión muy cercana a la de su amigo sobre justicia social y las políticas de inclusión.

El cardenal Joseph Tobin, arzobispo de Newark, que ha trabajado en estrecha colaboración con Robert Francis Prevost, también parecía especialmente alegre. Otro de los cardenales visiblemente más feliz era Wilton Gregory, arzobispo de Washington, que fue el primer cardenal afroamericano de Estados Unidos, otro de los amigos del nuevo papa.

Su discurso fue breve, más formal que el de Francisco, su antecesor, pero sin duda cercano. En él esbozó algunas de las líneas de su pontificado.

Lo primero que hizo fue hablar de la paz en un mundo en el que hay demasiados conflictos bélicos abiertos y enquistados, como el de Gaza y el de Ucrania, palabras inspiradas en el Cristo resucitado cuando encontró a sus discípulos asustados y escondidos por temor.

Se llamó a sí mismo el hermano que desea ser siervo de la fe y de la alegría. Hizo un llamado a la unidad y la superación de divisiones internas, haciendo referencia a la oración de Jesús por sus discípulos en el Evangelio de Juan,[63] una unidad basada en el amor.

Utilizó la metáfora de la construcción de puentes en una sociedad profundamente dividida y fragmentada en la que cada vez hay más crispación: «Ayúdense también ustedes, los unos a los otros, a construir puentes con el diálogo, con el encuentro, uniéndonos todos para ser un solo pueblo siempre en paz».[64]

Muchos interpretaron estas palabras como una metáfora para tender lazos entre las diferentes culturas, sectores de la Iglesia y religiones.

Se dirigió a sus feligreses peruanos en español y sobre todo intentó transmitir su herencia agustiniana usando las palabras de san Agustín: «Con ustedes soy cristiano y para ustedes obispo».

Apareció ante el mundo como un hombre emocionado, algo tímido, directo, sensible y con un marcado acento

[63] Versión Reina Valera, 1960, Juan 17,21: «Para que todos sean uno; como tú, oh Padre, en mí, y yo en ti, que también ellos sean uno en nosotros; para que el mundo crea que tú me enviaste».

[64] *Regnum Christi*, «Discurso completo en la plaza de San Pedro», 8 de mayo de 2025, <https://regnumchristi.es/leon-xiv-discurso-completo-en-la-plaza-de-san-pedro-la-paz-de-cristo-resucitado-es-una-paz-desarmada-desarmante-y-tambien-perseverante-que-proviene-de-dios-que-nos-ama-a-todos-incondici>.

pastoral. A diferencia del anterior pontífice, León XIV será mucho más comedido en sus comentarios, pausado, reflexivo y conciliador.

Francisco tuvo que enfrentarse a numerosos retos: se encontró una Iglesia desprestigiada, una curia corrupta, un sistema piramidal y centralista y una profunda división sectaria. También tuvo que afrontar los problemas sin solucionar de los anteriores papas, como las cuentas vaticanas o los casos de pederastia. Logró reformar la curia, encontrar unos obispos y cardenales más pastorales, superar la idea de que Europa es el epicentro de la Iglesia para que se expandiera a otros continentes. Fue un papa cercano, directo, con mucho carácter, en definitiva, argentino y jesuita. ¿Cómo será este papa agustino, conciliador y estadounidense? ¿Logrará afianzar los cambios y afrontar con éxito los retos que el anterior papa no pudo lograr? ¿Dará pasos hacia la voluntariedad del celibato? ¿Logrará que las mujeres puedan ser diaconisas? ¿Conseguirá que se acaben las guerras que hay a su alrededor? ¿Podrá unir a la Iglesia dividida por ideas y teologías dispares? ¿Pondrá el acento de nuevo en los pobres? Siendo un hijo de emigrantes, ¿luchará a favor de los cientos de miles de desplazados por las guerras y las dificultades económicas? ¿Qué relación tendrá con su compatriota Donald Trump? ¿Será tan abierto al diálogo con otras confesiones y religiones? ¿Cómo actuará hacia colectivos como el LGBTI?

En la próxima sección intentaremos dar respuesta a algunas de estas incógnitas y retos del nuevo papa León XIV.

PARTE III

LOS RETOS DEL NUEVO PAPA

10

El primer papa de origen norteamericano

Un hombre con corazón misionero y alma pastoral

> Soy peruano porque uno no es de donde nace, sino de donde entrega el alma.[65]

Estamos ante el segundo papa americano de la historia. En 2013, el mundo se sorprendió ante la elección del primer papa americano. Era un hecho insólito, que hablaba de una Iglesia en transformación, en la que Europa ya no sería el centro de la Iglesia católica.

De los 267 papas que ha habido a lo largo de la historia, contando el actual León XIV, la mayor parte provenían de Europa. Ha habido 251 papas europeos, es decir, la inmensa mayoría. De estos, unos 200 eran italianos, del centro mismo de la Iglesia católica, que se califica como romana o descendiente del antiguo Imperio romano. Al fin y al cabo,

[65] *Manos Unidas*, «León XIV, alma misionera y corazón abierto a los pueblos», <https://www.manosunidas.org/leon-xiv-alma-misionera-corazon-latinoamericano?utm_source=chatgpt.com>.

el papa es el obispo de Roma y, durante varios siglos, el Patriarca de Roma. En esos 200 papas italianos se incluyen los nacidos en los Estados Pontificios, que era el Estado gobernado por los papas hasta 1870, cuando se produjo la unificación italiana. El primer papa, San Pedro, podría considerarse de Oriente Próximo, pues había nacido en Palestina en el siglo I. Además de italianos, unos quince son de origen francés, la segunda nacionalidad más numerosa tras la italiana. También hubo papas alemanes, como Benedicto XVI, y españoles, en este caso tres, como Calixto III o Alejandro VI, de la familia Borgia. Juan Pablo II es el único papa de origen polaco.

De origen asiático habría entre tres y seis, dependiendo de si Asia Menor se considera como parte del continente asiático. Varios papas de los primeros siglos procederían de esta parte del mundo. Serían los casos de san Evaristo, del siglo I, nacido en Belén; san Aniceto, del siglo II, nacido en Siria, o san Juan V, del siglo VII, nacido en la ciudad de Antioquía.

También habría papas africanos, como es el caso de san Víctor I, del siglo II, nacido en Túnez, el primer papa africano; san Milcíades, del siglo IV, que era bereber, y san Gelasio I, del siglo V, también bereber.

América se descubrió a finales del siglo XV y, aunque se produjo una rápida evangelización católica, no había dado ningún papa hasta el siglo XXI. En 2013, el papa Francisco se convirtió en el primer pontífice americano, además de jesuita. El segundo papa de este continente, en su mayoría cristiano, es León XIV, un descendiente de emigrantes europeos que posiblemente tenga además algo de sangre afroamericana proveniente de Haití. Tiene además la doble nacionalidad: peruano de adopción y estadounidense de nacimiento.

Origen geográfico de los papas

A lo largo de la historia, ha habido 267 papas, la mayoría europeos. La tabla 10.1 resume la procedencia geográfica de los papas, destacando algunos nombres notables:

Tabla 10.1. Procedencia geográfica de los papas

Continente	Número de papas	Ejemplos destacados
Europa	256	Juan Pablo II, Benedicto XVI, Pío XII
Asia	3-6	San Aniceto, san Juan V
África	3	San Víctor I, san Gelasio I
América	2	Francisco I, León XIV

Una de las cosas que más ha llamado la atención del nuevo papa es su origen estadounidense, especialmente por la complejidad del momento geopolítico que vivimos. El regreso de Donald Trump a la presidencia en un mundo muy convulso y sus cambios radicales en varias materias, como la emigración, la economía, la política e incluso la estrategia militar, ha cambiado por completo el mapa del mundo. Muchos se preguntan si el nuevo papa se opondrá a algunas de las reformas del presidente estadounidense o intentará llegar a acuerdos con él. Esto lo analizaremos con más detalle en los próximos capítulos, pero sin duda no deja de ser una paradoja de la historia y nos recuerda al periodo del Imperio romano y otros momentos históricos, en los que el papa y el emperador estaban enfrentados por diferentes temas.

El nacimiento del nuevo papa en el seno de una familia de clase media que cumple todos los estándares del estadounidense promedio tendrá su impronta en el pontificado. Los estadounidenses suelen ser pragmáticos, rápidos en sus decisiones y algo simplistas. De todas formas, este papa ha vivido en muchos países y entiende la geopolítica mejor que muchos de sus contemporáneos. Su carisma pastoral y su énfasis misionero, sin embargo, parecen indicarnos que da más importancia a su carácter cristiano que a su nacionalidad. Su pasaporte no parece marcar la agenda de su pontificado, como tampoco le sucedió a Francisco, que, a pesar de ser profundamente argentino, ni siquiera visitó su país después de ser elegido papa.

Un corazón misionero

El profesor Zacharias Tanee Fomum ha descrito al papa León XIV como un hombre de Dios con un corazón misionero porque proviene de la vida misionera y conoce perfectamente las necesidades que hay en el mundo. Sin duda, una de las características de su pontificado será su énfasis en la misión. En muchos sentidos, el papa Francisco preparó el terreno eligiendo a obispos y cardenales con un perfil más pastoral, pero también otorgándole al Dicasterio para la Evangelización la mayor importancia entre todos los órganos de gobierno del Vaticano.

Hasta 2022 había dos organismos separados: por un lado estaba la Congregación para la Evangelización de los Pueblos, también conocida como Propaganda Fide, fundada en 1622 por Gregorio XV y cuya misión era evangelizar a los nuevos pueblos no alcanzados y limitar el racionalismo que comenzaba a calar entre las élites europeas, y, por el otro, el Consejo Pontificio para la Promoción de la Nueva Evangelización, creado en 2010 por Benedicto XVI, cuya misión fue intentar frenar la secularización en los países tradicionalmente cristianos.

En 2022, los dos organismos se unieron en el Dicasterio para la Evangelización siguiendo la nueva constitución apostólica *Praedicate evangelium*.

El papa Francisco quiso establecer una nueva impronta, que él mismo denominó «la evangelización en el centro». Parece algo muy evidente, pero en los últimos años la curia de la Iglesia católica se había centrado más en las influencias políticas y la riqueza que en extender su mensaje a los que aún no les había llegado el Evangelio o se habían apartado de él.

Bajo el anterior pontificado, la evangelización se convirtió en el eje principal, por eso el Dicasterio para la Evangelización era el más importante de todos. Antes esa posición la ocupaba el Dicasterio para la Doctrina de la Fe. En realidad, tenía su lógica, ya que era el que había presidido Benedicto XVI antes de ser nombrado papa y porque desde él se frenaron teologías como la de la liberación.

El papa Francisco era el presidente directo del dicasterio y lo dividió en dos secciones. A una la llamó la «evangelización en el mundo contemporáneo» y a la otra «la primera evangelización y las nuevas Iglesias particulares o misiones».

La sección para la evangelización en el mundo contemporáneo era la continuación de la creada por Benedicto XVI, el Consejo Pontificio para la Promoción de la Nueva Evangelización. Su enfoque era más cultural y pastoral, y tenía como epicentro Europa y América del Norte.

La secularización de Europa se ha acelerado en los últimos años. Según el Pew Research Center, la disminución de los católicos ha sido significativa en muchos países.

En el caso de España, en 1950 se declaraba católica prácticamente la totalidad del país, aunque en realidad era un 99.5 por ciento. En 1970, el 56 por ciento de la población todavía era católica practicante, pero en 2022, solo un 55.4 por ciento se identificaba como católico y únicamente el 18.5 por ciento era practicante.[66] En 2024, el 44 por ciento afirma no tener religión, aunque solo el 10 por ciento se ha criado de forma secular. Esto aumenta aún más entre los jóvenes. España es uno de los países que más rápidamente se ha secularizado en el mundo.

Francia es un país que se había secularizado mucho antes que España. En 1950, el 92.3 por ciento de la pobla-

[66] Según datos del portal countryeconomy.com: <https://countryeconomy.com/demography/religions?year=1950&utm>.

ción se identificaba como cristiana, pero en 2020 solo el 29 por ciento de la población era católica. Entre 2010 y 2020, la proporción de católicos entre 18 y 49 años disminuyó del 43 por ciento al 25 por ciento.

En Países Bajos, en 1950 el 40 por ciento era católico, y en 2023, los católicos apenas llegaban al 17 por ciento, y los protestantes al 13 por ciento, convirtiéndose en uno de los países más secularizados de Europa. En 2018, ya no tenían ninguna filiación religiosa el 48 por ciento de los neerlandeses y solo eran practicantes el 15 por ciento de los que se consideraban cristianos.[67]

Alemania ha evolucionado de forma más lenta hacia la secularización. En 1950, el 59 por ciento era protestante y el 37 por ciento católico. En 2010, los protestantes se habían reducido hasta el 30 por ciento y los católicos hasta el 30 por ciento también.[68]

En el caso de Norteamérica, el proceso ha sido aún más paulatino y el cristianismo en general resiste mejor. En Canadá, en 2001 el 77.1 por ciento decía ser cristiano, y en 2011 el 67.3 por ciento se identificaba como cristiano, pero en 2021 la proporción se había reducido hasta el 53 por ciento.[69]

[67] *It's Not America*, 8 de mayo de 2025, <https://itsnotamerica.com/religion-in-the-netherlands-explained>.

[68] Hackett, Conrad; y McClendon, David, «Christians remain world's largest religious group, but they are declining in Europe», Pew Research Center, 5 de abril de 2017, <https://www.pewresearch.org/short-reads/2017/04/05/christians-remain-worlds-largest-religious-group-but-they-are-declining-in-europe>.

[69] Statistics Canada, «The Canadian census: A rich portrait of the country's religious and ethnocultural diversity», 26 de octubre de 2022,

En el caso de Estados Unidos, en 2007 se consideraba cristiana el 78 por ciento de la población, pero en 2024 la cifra ya se había reducido al 62 por ciento. Entre los adultos jóvenes de entre 18 y 29 años, solo el 45 por ciento se identifica como cristiano.[70]

Para frenar esta caída se está impulsando una nueva evangelización y renovando el ardor misionero en Occidente. Algunas de las medidas son el apoyo a las catequesis como una herramienta evangelizadora. Muchos católicos desconocen su fe a pesar de haber sido bautizados dentro de la Iglesia. De hecho, se creó un Directorio para la Catequesis. También se ha hecho un gran esfuerzo en formar a catequistas, evangelizadores y agentes pastorales, lo que ha supuesto un mayor apoyo en los miembros laicos, ya que el número de sacerdotes y religiosos no ha dejado de decrecer en las últimas décadas.

Otra de las medidas ha sido la organización de eventos misioneros internacionales, como los jubileos, los congresos misioneros y los encuentros de jóvenes católicos.

En los últimos años se ha cambiado el lenguaje y se ha intentado tener más visibilidad en los medios de comunicación y las redes sociales para que el Evangelio llegue a los que no van a ir nunca a una iglesia, especialmente los jóvenes. Se han creado plataformas digitales y se ha potenciado el arte y la cultura. El papa León XIV tenía cuentas en

---

<https://www150.statcan.gc.ca/n1/daily-quotidien/221026/dq221026b-eng.htm>.

[70] Mallenbaum, Carly, «Non-religious "nones" are on the rise, study shows», *Axios*, 26 de febrero de 2025, <https://www.axios.com/2025/02/26/us-christianity-decline-pew-study>.

las redes sociales y ha decidido mantenerlas. En los últimos años ha hecho un esfuerzo por adaptarse a esta nueva forma de comunicación.

Otro de los medios ha sido el apoyo a la evangelización urbana y la creación de nuevas redes pastorales.

Francisco llamó al conjunto de estas medidas «una Iglesia en salida».

La Sección para la Primera Evangelización y las Nuevas Iglesias Particulares, que era el antiguo Dicasterio para la Propaganda de la Fe (Propaganda Fide), ha sido uno de los organismos en los que se ha puesto más empeño. Sus funciones son coordinar las misiones a pueblos no evangelizados, apoyar el trabajo de los misioneros y la creación de nuevas iglesias, nuevas diócesis y el apoyo a las que están en formación.

También han intentado promover vocaciones locales, ya que en Occidente han disminuido notablemente. Así mismo, se ha apoyado la creación de proyectos sociales y pastorales, ya que muchos de estos países son extremadamente pobres o presentan profundas desigualdades sociales. La otra área ha sido la inculturación del Evangelio en contextos no cristianos de Oceanía, Asia y África.

Además de anunciar el Evangelio, la Iglesia católica ha intentado construir comunidades eclesiales sólidas, apoyadas en el clero local, profesores nativos y estructuras autónomas.

La red de «misiones digitales» ha adquirido mucho peso en la última década, especialmente si tenemos en cuenta el poder que Francisco demostró para llamar la atención de los medios de comunicación y las redes sociales.

El papa anterior puso las bases y el enfoque en la misión. Entre sus principios estaban:

- La prioridad de la periferia sobre el centro, tanto de forma geográfica como esencial para la Iglesia.
- Énfasis en el testimonio personal más que en el discurso doctrinal.
- Promoción del diálogo interreligioso e intercultural.

El papa Francisco afirmó: «Prefiero una Iglesia accidentada, herida y manchada por salir a la calle, que una Iglesia enferma por el encierro y la comodidad de aferrarse a las propias seguridades».[71]

Sin duda, Francisco aprendió esto en las calles de Buenos Aires, más secularizadas que las del resto de América y donde el crecimiento evangélico le estaba restando muchos creyentes.

Si vemos el crecimiento y el decrecimiento de la Iglesia católica en la actualidad, con cifras el *Annuarium Statisticum Ecclesiae* de 2023 y del *Anuario Pontificio* de 2025, ambos publicados por el Vaticano,[72] las cifras son claras (tabla 10.2):

[71] Francisco I, *Evangelii Gaudium*, 49.

[72] *Revista SIC*, «Aumenta el número de católicos en el mundo», 25 de marzo de 2025, <https://revistasic.org/aumenta-el-numero-de-catolicos-en-el-mundo>.

Tabla 10.2. Cuadro comparativo del catolicismo por continentes

Continente	Crecimiento de los católicos (%)	Porcentaje mundial	Países destacados	Variación de los sacerdotes (%)	Variación de los seminaristas (%)
África	3.31	20.0	R. D. del Congo, Nigeria	2.7	1.1
América (total)	0.90	47.8	Brasil, México, EE. UU.	–0.7	–1.3
América del Sur	0.90	27.4	Brasil, Colombia	–0.7	–1.3
América central	0.90	13.8	México, Guatemala	–0.7	–1.3
América del Norte	0.90	6.6	EE. UU., Canadá	–0.7	–1.3
Asia	0.60	11.0	Filipinas, India	1.6	–4.2
Europa	0.20	20.4	Italia, Polonia, España	–1.6	–4.9
Oceanía	1.90	0.8	Australia, Papúa Nueva Guinea	–1.0	–0.1

África es el continente donde más crece el cristianismo en general y el catolicismo en particular. Solo entre 2023 y 2024, el porcentaje de católicos aumentó un 3.31 por ciento, pasando de 271 millones a 281 millones. Los católicos en África ya representan el 20 por ciento de todos los católicos del mundo. Entre los países de más rápido crecimiento, se encuentran Nigeria y la República Democrática del Congo. También han aumentado el número de sacerdotes un 2.7 por ciento y el de seminaristas un 1.1 por ciento.

En América, los católicos siguen siendo mayoría. El 47.8 por ciento de todos los católicos del mundo son americanos: América del Sur alberga el 27.4 por ciento, América central el 13.8 por ciento, y América del Norte el 6.6 por ciento. Los católicos aumentaron un 0.9 por ciento entre 2022 y 2023, pero la secularización y las Iglesias evangélicas han reducido mucho el porcentaje de católicos en los países latinos, en especial en Brasil, Colombia y América Central. Las vocaciones han disminuido un 0.7 por ciento, pero los seminaristas siguen creciendo un 1.3 por ciento.

Asia crece a un ritmo de un 0.6 por ciento, que puede parecer modesto, pero el 11 por ciento de los católicos son de dicho continente. Donde más hay es en Filipinas, con unos 93 millones, y en la India, con 23 millones. La mayoría de los católicos son del Sudeste Asiático. Las vocaciones están creciendo un 1.6 por ciento, pero el número de seminaristas ha descendido un 4.2 por ciento.

El continente europeo es el que más decrece de todos. En proporción, hay un incremento marginal del 0.2 por ciento. Europa todavía cuenta con el 20.4 por ciento de los católicos a nivel mundial. Italia, España y Polonia son los países con mayor porcentaje de católicos. Los seminaristas y vocaciones han disminuido notablemente: un 4.9 por ciento y un 1.6 por ciento, respectivamente.

Oceanía cuenta con el 0.8 por ciento de los católicos en el mundo, con unos 11 millones, y crece un 1.9 por ciento, aunque las vocaciones y los seminaristas son muy bajos.

A nivel global, el catolicismo aumentó un 1.15 por ciento, pasando de 1 390 millones en 2022 a 1 406 millones en 2023.

En África y Asia, el catolicismo está creciendo, pero en América y Europa se ha estancado o decrece. En Oceanía, el catolicismo está estabilizado.

En la actualidad, hay 2 600 millones de cristianos y para el 2050 se esperan unos 3 300 millones.

Los retos en las misiones del nuevo papa León XIV son notables. Haber sido una gran parte de su vida misionero sin duda le ayudará a entender esta tarea y sus dificultades mejor que nadie.

Durante su etapa como obispo en Perú, Prevost fue vicepresidente de la Conferencia Episcopal del país y consejero permanente, además de presidir la Comisión de Educación y Cultura. Durante esta etapa, fomentó una Iglesia más cercana a las comunidades y comprometida con la evangelización en un contexto de creciente secularización.

En una entrevista que concedió a *Vatican News* dijo: «Sigo considerándome misionero. Mi vocación, como la de todo cristiano, es ser misionero, proclamar el Evangelio donde quiera que esté».[73]

[73] *Viva Voz*, «Conozca a Robert Francis Prevost, el nuevo papa», 8 de mayo de 2025, <https://www.vivavoz.com.mx/portal/index.php?option=

La vocación de cada cristiano es predicar el Evangelio. En ese sentido, los cristianos siempre son misioneros. Esta afirmación también nos habla del desarraigo de León XIV, pues se considera un ciudadano de ningún lugar y de todas partes. Sus palabras nos recuerdan a las del papa Francisco, que siempre hizo énfasis en la importancia de la misión, y la impregnó en todas las instituciones católicas. En un mensaje del Día de la Hispanidad destacó: «Los grandes desafíos sociales y los sufrimientos de sus pueblos pueden llevar al desánimo. Sin embargo, el mensaje de la jornada invita a mirar la realidad de otra manera, gracias a la presencia real de Jesucristo».[74]

El nuevo papa es consciente de las dificultades y desafíos que debe afrontar, pero con la presencia de Jesucristo se puede enfocar más en la esperanza.

El enfoque pastoral

León XIV es una curiosa mezcla de un hombre de carácter pastoral y, al mismo tiempo, un gestor y organizador. Durante los últimos años se ha centrado en ambos campos. Durante su etapa como prior de los agustinos tuvo que hacer una labor de gestión importante, pero jamás perdió su perfil de pastor.

---

com_k2&view=item&id=41331:conozca-a-robert-francis-prevost-el-nuevo-papa&Itemid=749>.

[74] Conferencia Episcopal Española, «2 de marzo, Día de Hispanoamérica con el lema "Historia de Esperanza"», <https://www.conferenciaepiscopal.es/dia-de-hispanoamerica-2025>.

Durante el tiempo que estuvo en Chulucanas y Chiclayo dejó una huella significativa en las comunidades locales. Una de esas improntas era la cercanía: se adaptó al idioma, la gastronomía y las costumbres locales, hasta ganarse a su congregación, que lo dejó de ver como a un extraño.

En una entrevista en 2024, cuando ya dirigía el Dicasterio para los Obispos por encargo del papa Francisco, destacó: «El liderazgo episcopal debe priorizar la fe sobre la administración. La primera prioridad es comunicar la belleza de la fe, la belleza y la alegría de conocer a Jesús».[75]

Durante esta etapa ya se encargaba de elegir perfiles pastorales entre los nuevos obispos. Únicamente un corazón pastoral, que es un don del Espíritu Santo, puede transmitir la belleza de la fe y la alegría de conocer a Jesús. Si el papa Francisco ya hizo un especial esfuerzo en centrarse en la tarea pastoral, León XIV será un continuador de esta labor.

El nuevo papa tiene un perfil más humano que el anterior y es más empático. Los agustinos siempre han tenido una impronta puramente misionera y pastoral; los jesuitas también, pero su sesgo ha sido siempre más educativo e intelectual.

Su carácter pastoral fue la principal característica de su servicio misionero. Siempre acudía a zonas apartadas y pro-

[75] *Infobae*, «El papel de los obispos, su tiempo de misionero y un enfoque pastoral centrado en la cercanía: qué decía Robert Prevost cuando era arzobispo», 8 de mayo de 2025, <https://www.infobae.com/america/mundo/2025/05/08/el-papel-de-los-obispos-su-tiempo-de-misionero-y-un-enfoque-pastoral-centrado-en-la-cercania-que-decia-robert-prevost-cuando-era-arzobispo>.

movía programas de ayuda social o supervisión de comunidades vulnerables.[76] Los partidarios de Francisco ya se habían percatado de ello y por eso lo escogieron como nuevo papa. Algunos de los otros candidatos tenían un perfil más político, pero Prevost combinaba ambas vertientes. León XIV ha transmitido ese corazón pastoral durante su labor como docente y su cargo para la búsqueda de nuevas vocaciones en la Orden de San Agustín.

En 1999 fundó una parroquia en un barrio humilde de Perú. Por eso mismo se le concedió la Medalla de Oro de Santo Toribio y fue ascendido a obispo y después a arzobispo.

Durante su etapa peruana escribió varias cartas pastorales para su diócesis, en las que propuso aumentar la oración. Su ayuda en varias catástrofes naturales y durante la pandemia hablan de ese talante pastoral y de cuidados.

El actual papa también defendió los derechos humanos y la justicia social en el desempeño de su labor misionera. Muchos países en los que se están comenzando comunidades viven bajo dictaduras o democracias muy incipientes. En el caso de Perú, las guerrillas y las contraguerrillas gubernamentales hicieron mucho daño a la población indígena y las comunidades más vulnerables. Prevost las defendió del abuso por parte del Estado y pidió a Alberto Fujimori que se disculpara por sus crímenes tras ser indultado.

En su homilía inaugural del 18 de mayo, el papa León XIV expresó: «Fui elegido sin tener ningún mérito y, con temor y trepidación, vengo a ustedes como un hermano

[76] *Corazón de Paul*, «Perfil misionero del papa León XIV (Robert Francis Prevost)», 8 de mayo de 2025, <https://www.corazondepaul.org/2025/05/08/perfil-misionero-del-papa-leon-xiv-robert-francis-prevost/>.

que quiere hacerse siervo de su fe y de su alegría, caminando con ustedes por el camino del amor de Dios, que nos quiere a todos unidos en una única familia».[77]

La sencillez de sus palabras y su énfasis en el amor, un fruto del Espíritu Santo, nos muestra esta tendencia pastoral. De las tres virtudes teologales, la fe, la esperanza y el amor, la última, según la Primera Epístola a los Corintios, capítulo trece, será la única que permanecerá cuando venga lo perfecto. El mismo papa anunció que su pontificado se basaría en dos pilares fundamentales, que son el amor y la unidad. El amor que el papa León XIV anuncia contrasta con un mundo caracterizado por el odio, la violencia, los prejuicios, el miedo a lo diferente y un modelo económico que explota los recursos y margina a los pobres. Por todo esto, el papa León XIV propone: «Y nosotros queremos ser, dentro de esta masa, una pequeña levadura de unidad, de comunión y de fraternidad. Nosotros queremos decirle al mundo, con humildad y alegría: ¡Miren a Cristo! ¡Acérquense a Él! ¡Acojan su Palabra que ilumina y consuela!».[78]

Y empleando las palabras de Jesús: «Otra parábola les dijo: el reino de los cielos es semejante a la levadura que tomó una mujer, y escondió en tres medidas de harina, hasta que todo fue leudado».[79] El papa León XIV habla del co-

[77] *Infobae*, «"Fui elegido sin tener ningún mérito", el significado y emotivo discurso del papa León XIV en el inicio de su pontificado en el Vaticano», 18 de mayo de 2025, <https://www.infobae.com/peru/2025/05/18/fui-elegido-sin-tener-ningun-merito-el-significativo-y-emotivo-discurso-del-papa-leon-xiv-en-el-inicio-de-su-pontificado-en-el-vaticano>.

[78] Ibídem.

[79] Versión Reina Valera, 1960, Mateo 13, 33.

razón pastoral de Jesús y de lo contagioso que puede ser el amor cristiano.

León XIV aún está asumiendo su cargo, pero el enfoque pastoral y misionero en un mundo cambiante, perdido en muchos sentidos y lleno de odio, va a ser uno de los énfasis de su pontificado. Para ello usará el amor como fermento y levadura transformadora.

Igual que hizo en sus anteriores cargos y misiones, intentará ayudar a los más desfavorecidos y fomentará la ayuda y el desarrollo de los pueblos. La tarea parece titánica para un solo hombre, aunque tenga detrás el apoyo de la Iglesia cristiana más grande del mundo.

El papa Francisco puso las bases de esta línea pastoral y misionera, creó la infraestructura, aumentó el énfasis y preparó a una nueva generación de obispos y cardenales, pero va a ser León XIV el que va a tener que desarrollar esta labor. Es algo común que un papa marque el camino y otros continúen la senda, ya que una transformación tan profunda y radical puede necesitar aún varias décadas. El tiempo dirá si el nuevo papa será capaz de leudar toda la masa, en un mundo lleno de conflictos y donde la crispación se extiende cada vez más, amenazando la paz y la convivencia.

11

El hombre que levanta puentes

Tradición reformista, apoyo a los más necesitados y regreso al mensaje de Jesús

> ¡A la Iglesia de Roma, un saludo especial! Debemos buscar juntos cómo ser una Iglesia misionera, una Iglesia que construye puentes de diálogo, siempre abierta a recibir, como esta plaza, con los brazos abiertos a todos, a todos aquellos que tienen necesidad de nuestra caridad, de nuestra presencia, del diálogo y del amor.[80]

La Iglesia católica cuenta ya con unos dos mil años de historia. Durante un periodo tan largo de tiempo, obviamente ha visto caer y surgir imperios, y nacer y morir naciones y pueblos. No existe una institución similar en el mundo. Su

[80] Regnum Christi, «León XIV. Discurso completo en la plaza de San Pedro: la paz de Cristo resucitado es "una paz desarmada, desarmante y también perseverante, que proviene de Dios, que nos ama a todos incondicionalmente"», 8 de mayo de 2025, <https://regnumchristi.es/leon-xiv-discurso-completo-en-la-plaza-de-san-pedro-la-paz-de-cristo-resucitado-es-una-paz-desarmada-desarmante-y-tambien-perseverante-que-proviene-de-dios-que-nos-ama-a-todos-incondici>.

larga existencia le ha hecho comprender que los procesos ideados para el corto plazo no suelen perdurar, una idea que cuesta mucho entender en un mundo tan cambiante como el nuestro. Otro de los elementos importantes de la Iglesia católica ha sido la tradición. De hecho, en la Iglesia, la tradición tiene la misma fuerza que la doctrina. El peso del dogma durante siglos separó a la Iglesia católica de otras. Una de sus máximas es que «fuera de la Iglesia católica no hay salvación». Esto es así porque la salvación se imparte por medio de los sacramentos y, dado que la Iglesia católica es la única verdadera, solo ella puede cumplir ese cometido. Sin esos sacramentos, como la extremaunción, la eucaristía o el bautismo, los cristianos no podían salvarse. En el siglo XI, se produjo la separación de las Iglesias ortodoxas y del resto de los patriarcados de la Iglesia oficial, lo cual tuvo como consecuencia que el bautismo de estas instituciones no fuera reconocido. Esta separación se convirtió en uno de los problemas de la cristiandad. El reconocimiento mutuo no llegó hasta el siglo XX, y aunque no se produjo durante el Concilio Vaticano II, sino más tarde, sí fue una consecuencia del espíritu ecuménico de dicho concilio. La legislación que dio validez a ese reconocimiento se recoge en el Decreto *Unitatis redintegratio* sobre el ecumenismo, del 21 de noviembre de 1964.[81]

[81] En el Decreto *Unitatis redintegratio*, §15, se dice: «Entre las Iglesias orientales separadas y la Iglesia católica existe una comunión profunda, alimentada por la participación en los sacramentos y, sobre todo, en la eucaristía. Estas iglesias, aunque separadas, tienen verdaderos sacramentos, sobre todo por la sucesión apostólica».

En una declaración conjunta del papa Pablo VI y el Patriarca Atenágoras I de Constantinopla el 7 de diciembre de 1965, se levantaron mutuamente las excomuniones del cisma de 1054. En este sentido, el acercamiento a otras Iglesias se ha ido produciendo de una forma paulatina y constante gracias a la labor ecuménica de varios papas anteriores a León XIV.

Se ha llegado a acuerdos con otras Iglesias ortodoxas para reconocer su validez en cuestiones como el bautismo, la eucaristía o el sacerdocio. También a las Iglesias Orientales Calcedonianas, con las que se llegó a un acuerdo recogido en el Decreto *Orientalium Ecclesiarum* de 1964.

Los acuerdos con la Iglesia anglicana son de 1975, cuando una comisión de católicos y anglicanos promulgó el documento «Bautismo y vida nueva». Las Iglesias luteranas también han firmado acuerdos de mutuo bautismo, como el de Alemania de 2007 o el de Estados Unidos de 2002. Se reconoce el bautismo de otras Iglesias como las reformadas, presbiterianas o metodistas, pero en el caso de las Bautistas y las Evangélicas depende de cada Iglesia, aunque normalmente se pide el bautismo católico.

Los avances en materia ecuménica e interreligiosa han sido notables. Durante el papado de Francisco, como ya había pasado en el de Juan Pablo II, se ha hecho una gran labor de diálogo interreligioso. El 27 de octubre de 1986, Juan Pablo II convocó en Asís a líderes de diversas religiones para la Jornada Mundial de Oración por la Paz. Más tarde, en 1986, visitó por primera vez una sinagoga en Roma. En el año 2000, extramuros de la basílica de San Pedro, se celebró una reunión en la que participaron líderes religiosos de todo el mundo y muchas de las confesiones cristianas.

El papa Francisco siguió la senda de Juan Pablo II convocando, en 2019, a varios líderes religiosos para firmar un acuerdo sobre la Fraternidad Humana por la Paz Mundial y la Convivencia Común. Uno de los firmantes fue el Gran Imán de Al-Azhar, Ahmed el-Tayyeb, aunque esto no impidió que el extremismo islámico atentara en Occidente ni que algunos Estados extremistas continúen la persecución de los cristianos. Prácticamente no hay libertad religiosa en ningún país musulmán, y en los pocos que la hay es muy limitada. Las poblaciones cristianas, muchas de ellas milenarias, no han hecho sino decrecer en países como Siria, Irak, Irán o Jordania. En Egipto, donde existe una gran Iglesia copta, o en zonas subsaharianas como Nigeria, las persecuciones son un indicativo de que aún estamos muy lejos de respetar la paz religiosa.

El diálogo interreligioso está todavía muy lejos de dar frutos reales debido a la persecución a los cristianos en lugares como la India, Pakistán o algunas zonas de Indonesia, por solo citar algunos lugares.

Francisco se encontró en 2016 con el patriarca Cirilo, que es la cabeza de la Iglesia ortodoxa del Patriarcado de Moscú. Ambos líderes llegaron a varios acuerdos para establecer una buena relación entre las dos comunidades.

En dos de los últimos viajes del papa Francisco, también se hizo énfasis en las negociaciones con otras religiones. En el viaje que hizo a Mongolia en 2023, en el que le acompañó el escritor español Javier Cercas, hubo reuniones con importantes líderes budistas. Ese mismo año tuvo lugar la peregrinación ecuménica a Sudán del Sur, en la que participaron el arzobispo de Canterbury, Justin Welby, y el Moderador de la Asamblea General de la Iglesia de Escocia, Iain Greenshields.

El ecumenismo del papa León XIV

Antes de ascender al trono de san Pedro, Robert ya demostró que, como Francisco, tiene un compromiso firme con el ecumenismo y el diálogo interreligioso. Lo avalan muchas de sus acciones antes de llegar al papado y sus primeras manifestaciones públicas tras su nombramiento. Varias veces ha destacado la importancia de la unidad dentro de la Iglesia, ya sea entre las diferentes familias y alas del catolicismo o respecto a otras confesiones cristianas.

En su discurso ante varias religiones y confesiones cristianas, ya expresó la necesidad de la unión y el amor como vínculo necesario para conseguirlo: «Como obispo de Roma, considero uno de mis deberes prioritarios la búsqueda del restablecimiento de la plena y visible comunión entre todos aquellos que profesan la misma fe en Dios Padre, Hijo y Espíritu Santo».[82] Las palabras del papa dejan entrever que el límite está en la aceptación de la trinidad. Así, pues, ese será el único requisito para la unidad. Como ya

[82] Cardiel, Victoria, «El papa León XIV afirma que restablecer la plena comunión de los cristianos es prioridad de su pontificado», ACI Prensa, 19 de mayo de 2025, <https://www.aciprensa.com/noticias/113483/el-papa-leon-xiv-afirma-que-restablecer-la-plena-comunion-de-los-cristianos-es-prioridad-en-su-pontificado>.

hizo con el énfasis en una Iglesia misionera, el nuevo papa nos muestra, a través de sus discursos, que otro de los ejes de su pontificado es la unidad ecuménica, un deber prioritario.

En la reunión estaban presentes varios líderes religiosos, como el Patriarca de Constantinopla, el Patriarca Ortodoxo Griego de Jerusalén y el Patriarca de la Iglesia Asiria de Oriente. En esa homilía, el papa sacó a colación el primer concilio ecuménico de la historia, el Concilio de Nicea, que tuvo lugar en el año 325, un encuentro donde se logró el consenso de la mayor parte de las Iglesias cristianas de esa época. ¿Querrá el nuevo papa convocar un concilio ecuménico de esa envergadura? Sobre el concilio, el papa afirmó:

> Ese concilio representa una etapa fundamental para la elaboración del credo compartido por todas las Iglesias y comunidades eclesiales. Conforme estamos caminando hacia el restablecimiento de la plena comunión entre todos los cristianos, reconocemos que esta unidad debe ser unidad en la fe.[83]

Sus palabras son claras, el papa León XIV quiere unidad en la fe y una plena comunión entre todos los cristianos.

El papa Francisco ya dio a conocer su deseo de ir a Nicea (la actual Iznik, en Turquía), para dar un nuevo impulso al ecumenismo, más allá de los acuerdos puntuales y los mutuos reconocimientos ya alcanzados.

El nuevo papa explicó que la unidad era uno de los principios de san Agustín, como deja entrever su lema «In IIlo

[83] Ibídem.

Uno Unum», un elemento que siempre había sido una constante en su vida.

En este discurso, el papa León XIV unió el sistema sinodal que el papa Francisco ya había implantado con el ecumenismo.

> Consciente de que sinodalidad y ecumenismo están estrechamente relacionados, deseo asegurar mi intención de proseguir el compromiso del papa Francisco en la promoción del carácter sinodal de la Iglesia católica y en el desarrollo de formas nuevas y concretas para una sinodalidad cada vez más intensa en el ámbito ecuménico.[84]

¿Qué quería decir el papa con esta afirmación? Los sistemas sinodales que comenzó Francisco son reuniones de diferentes agentes dentro de la Iglesia, como sacerdotes, laicos y otros miembros eclesiásticos que hablan de temas importantes. ¿Piensa el nuevo papa que esto se puede hacer de forma conjunta con otras Iglesias?

Luego comentó de nuevo que es tiempo de diálogo y de generar puentes, como ya hizo el papa Francisco:

> Hoy es tiempo de dialogar y de construir puentes. Y por eso me alegra y agradezco la presencia de los representantes de otras tradiciones religiosas, que comparten la búsqueda de Dios y de su voluntad, que es siempre y únicamente voluntad de amor y de vida para los hombres y las mujeres, y para todas las criaturas.[85]

[84] Ibídem.
[85] Ibídem.

También recordó los avances que ya había hecho el anterior papa en estos temas, una senda que ya había abierto Juan XXIII:

> En este tema, de verdad que el Espíritu Santo lo ha impulsado a dar grandes pasos hacia delante en las aperturas e iniciativas que ya habían comenzado a asumir los pontífices precedentes, sobre todo desde san Juan XXIII. El papa de la *Fratelli tutti* promovió tanto el camino ecuménico como el diálogo interreligioso, y lo hizo sobre todo cultivando las relaciones interpersonales de modo que, salvaguardando los vínculos eclesiales, se valorizara siempre el aspecto humano del encuentro.[86]

El continuismo en esta materia está claro. León XIV seguirá explorando las vías ecuménicas y de diálogo interreligioso, aunque parece ambicionar algo mucho más difícil: la unidad de la Iglesia cristiana más allá de sectarismos y dogmas centrada en la figura de Cristo. Sin duda, va a encontrar oposición tanto dentro como fuera de la Iglesia católica. Algunos cardenales consideraban que el anterior papa ya había ido demasiado lejos en estos asuntos. Los más contrarios son los cardenales y obispos americanos y algunos africanos, que no quieren que la Iglesia católica se diluya en unas creencias vagas para poder asimilar a otras confesiones cristianas.

Tampoco están muy de acuerdo otras Iglesias, en especial las evangélicas, que ven en estas iniciativas de los pon-

[86] Ibídem.

tífices una manera de absorber al resto de las Iglesias bajo el paraguas protector de Roma. Incluso han llegado a ver la unidad de la Iglesia cristiana como una señal del final de los tiempos y la llegada de una especie de Iglesia universal que nada tendría que ver con el mensaje de Jesús de Nazaret.

Reformas o conservadurismo

La Iglesia católica, como mencionábamos al principio de este capítulo, es milenaria. Durante todo este tiempo ha habido varios intentos de consolidación y cambio. En los concilios ecuménicos como el de Nicea, mencionado anteriormente, se pretendía instalar las bases para la unidad y la afirmación de los dogmas. En la época de la Reforma protestante, el Concilio de Trento, que tuvo diferentes fases, propuso una reforma católica que acentuó las diferencias con los principios protestantes y estableció las bases de la actual Iglesia católica, como el celibato obligatorio o el culto a las imágenes. El Concilio Vaticano I fue una especie de reacción frente a la modernidad, un intento inmovilista de mantener las tradiciones y los dogmas de la Iglesia como algo inmutable y que no debía avanzar con los tiempos. En cambio, la doctrina social de la Iglesia propugnada por León XIII intentó adaptar la interpretación de la fe a los tiempos de la Revolución Industrial. De todas formas, el mayor cambio que se ha producido en este ámbito, en parte frenado por Juan Pablo II, fue el que tuvo lugar en el Concilio Vaticano II. Este gran concilio, aunque no fue realmente ecuménico, reunió a muchas confesiones y abrió de manera clara el diálogo confesional. Desde su llegada al pontificado, el papa Francisco se concentró en los cambios políticos y estructurales dentro del Vaticano, para terminar con el poder de la curia y repartirlo entre el resto de la Iglesia por medio de los sínodos.

Estos cambios no han gustado a buena parte de la jerarquía eclesiástica, para la que suponía una pérdida de su poder e influencia. Han pasado de ser «príncipes de la Iglesia» a pastores regionales, cuya misión tiene que ser el cuidado y no las intrigas vaticanas, como había pasado durante los últimos quinientos años.

Las tensiones internas contra algunas de las reformas de Francisco han sido evidentes, sobre todo en lo tocante a la modificación de reglamentos y la nueva constitución apostólica. Los principales puntos de desencuentro se han producido en diferentes ámbitos, que iremos desgranando a continuación.

Uno de los ámbitos en los que se han producido cambios es en el de la liturgia tradicional. Dichos cambios afectan a diferentes elementos. Por un lado, se acerca el culto a los fieles. En el Concilio Vaticano II ya se habían introducido algunas reformas, como la de dar la misa en el idioma de cada diócesis y evitar el latín, pero lo que realmente ha enfadado a los sectores más tradicionalistas fue la emisión en 2021 del *motu proprio* del papa Francisco del *Traditionis custodes*, que restringía el uso de la misa en latín según el rito tridentino. El documento restringe el uso del Misal Romano de 1962, cuyo uso permitió el anterior papa Benedicto XVI después de que casi había desaparecido tras su prohibición en el Concilio Vaticano II. El papa alemán permitió su uso en su *Summorum Pontificum* de 2007. Se trataba de una vieja reivindicación de los tradicionalistas, que fue ignorada hasta que Benedicto XVI la permitió.

Para saltarse las restricciones se requiere la autorización expresa del obispo de la respectiva diócesis. No se permiten nuevas comunidades dedicadas en exclusiva a este rito o que las misas en latín no se pueden oficiar en iglesias parroquiales ordinarias sin el permiso explícito del obispo. Todos estos requisitos casi hacen imposible que se pudieran oficiar misas en latín, ya que la mayoría de los obispos está en contra y por eso los más conservadores se oponen a este control de las misas en dicha lengua, aunque este punto no era más que el desarrollo del Concilio Vaticano II.

Algunos vieron en este texto un ataque a la tradición litúrgica y la hermenéutica comenzada por el papa Benedicto XVI. El cardenal Raymond Burke comentó a este respecto que era una marginación de los fieles más tradicionalistas y que lo que se perseguía con ello era la uniformización litúrgica por parte de Roma. La realidad es que dicha iniciativa es una prerrogativa de los papas y que Francisco lo único que perseguía es continuar con las líneas trazadas por el Concilio Vaticano II.

El nuevo papa León XIV parece más cercano a una postura intermedia en este tema. En su primer encuentro, al día siguiente de su nombramiento, realizó su bendición en latín y llamó a la unidad.

León XIV ha elogiado la capacidad de adaptación de León XIII a su época y sin duda va a intentar que la Iglesia católica se adapte a los cambios en las formas de expresión del Evangelio, aunque parece estar dispuesto a buscar un equilibrio entre tradición y modernidad. Es una persona menos vehemente que el anterior papa, y mucho más conciliador y dialogante.

Doctrina sobre la familia

Otro de los campos de batalla entre conservadores y progresistas han sido los cambios en materia de familia. Sin duda, esta ha sido una de las políticas más aperturistas del antiguo pontífice.

La promulgación de la exhortación apostólica *Amoris laetitia* en 2016 tomó a muchos miembros de la curia y de la jerarquía desprevenidos. En esta exhortación apostólica, Francisco apostaba por una apertura pastoral hacia los católicos divorciados y vueltos a casar, algo prohibido hasta ese momento por el Derecho Canónico. El papa defendió que pudieran recibir la comunión en ciertos casos, lo que le valió la crítica de los más conservadores. Cuatro cardenales se unieron plantearle al papa una «dubia»,[87] es decir, para pedirle explicaciones. Estos cardenales eran Burke, Brandmüller, Meisner y Caffarra.

Se acusó al papa Francisco de ambigüedad doctrinal. La pregunta se centró en el capítulo 8, sobre la posibilidad de

[87] En latín significa 'duda', que es la forma tradicional en la que los cardenales y teólogos preguntan dudas a la Santa Sede, para que aclare temas doctrinales. La respuesta es normalmente «sí» o «no», que puede ser explicada o simplemente contestada con un monosílabo.

que algunos divorciados que se habían vuelto a casar pudieran recibir la comunión.

El papa no respondió directamente a la «dubia», pero sí hizo algunas declaraciones en varias entrevistas, comentando que él ya había aplicado esa regla en Buenos Aires, y que su aplicación debía hacerse bajo acompañamiento pastoral.

Los firmantes de la «dubia» se enfadaron por la actitud del papa Francisco y pidieron una audiencia en 2017, que también fue ignorada. Esta situación mostró una división entre reformadores y conservadores dentro de la Iglesia como no se había visto desde las controversias con la teología de la liberación. El concepto de la *dubia* fue visto como un símbolo de resistencia por parte de los conservadores.

El papa León XIV no se ha pronunciado sobre este tema, pero parece que no quiere imponer su voluntad y que está en contra del autoritarismo. Aun así, parece que en este caso mantendrá una línea de continuidad con el anterior papa. Los casos de divorcio son tan comunes en la actualidad que, de no cambiar esta doctrina, cientos de miles de católicos no podrán comulgar ni practicar íntegramente su fe. De hecho, en los últimos años han bajado notablemente los matrimonios religiosos en muchos países de tradición católica y los casos de divorcio admitidos por la Iglesia son muy pocos, posiblemente porque el trámite para conseguirlo es largo y costoso.

Bendiciones a parejas homosexuales

Una de las decisiones más polémicas de Francisco, ya antecedidas con declaraciones sobre la actitud hacia la homosexualidad, suscitaron también muchas controversias en el seno de la Iglesia católica.

El papa Francisco ya había comentado que había que acoger a todo el mundo sin condiciones previas y, ante la pregunta que le hicieron sobre las personas homosexuales que buscan a Dios durante su viaje a Brasil en 2013, contestó al periodista, en el mismo avión en el que viajaban, que quién era él para juzgar.

Francisco estaba en contra del rigorismo moral que había practicado la Iglesia católica y defendía más el acompañamiento pastoral que la exclusión.

Las cosas se pusieron aún más tensas cuando, en 2023, justo diez años más tarde de sus declaraciones en la *Fiducia supplicans* de diciembre, se autorizó la bendición de parejas del mismo sexo en contextos no litúrgicos, medida que fue rechazada por obispos y cardenales de África y Europa del Este. Uno de los que se pronunció fue el cardenal Müller, aduciendo que era una confusión doctrinal grave. Algunos episcopados africanos aseguraron que no la aplicarían. El arzobispo Carlo Maria Viganò, de origen italiano, acusó al papa Francisco de promover un cisma, diciendo que su modernismo se alejaba de la doctrina tradicional. El cardenal guineano, Robert Sarah, declaró que la ideología de género era incompatible con la Iglesia y que no estaba de acuerdo con las reformas sociales promovidas por Francisco. El más crítico, sin embargo, ha sido el prefecto para la Congregación para la Doctrina de la Fe, el cardenal Gerhard Ludwig Müller, que declaró que la ambigüedad doctrinal es dañina y criticó la bendición de las uniones del mismo sexo y que se introduzcan a laicos y mujeres en las instituciones de la Iglesia católica.

El tercer tema en disputa ha sido la reforma de la estructura de la Iglesia y su forma de gobierno. El cambio de la constitución apostólica tampoco les gustó a muchos. La reorganización de la curia a raíz del *Praedicate evangelium* de 2022 dejó sin poder efectivo a los cardenales, otorgándoselo supuestamente a los laicos y los grupos sinodales; aunque esto sea cierto hasta cierto punto, también ha aumentado el poder de los papas, que ya no tienen el contrapoder de los cardenales.

Como comentamos en el capítulo anterior, el énfasis en la evangelización como prioridad más importante, la introducción de laicos y mujeres, y la descentralización no ha gustado a algunos cardenales. Ellos aducen que han perdido peso teológico y que los dicasterios se están politizando, lo que permite que se introduzcan ideas externas a la Iglesia. Algunos lo han llamado la *protestantización* de la Iglesia, y no les falta razón, ya que Francisco ha bebido de muchas de las ideas evangélicas y ha intentado imitar su estilo para igualar el crecimiento de estas Iglesias. Frases como que el pastor debe oler como huelen las ovejas, son ejemplos usados por pastores de Buenos Aires a los que el papa conocía bien.

Algunos lo acusaron de demoler la doctrina de la Iglesia desde dentro, por ejemplo, el arzobispo Viganò, sobre todo por la ambigüedad y la aceptación de principios no cristianos, o mejor dicho, no católicos. Müller lanzó una amenaza en forma de recordatorio de que los cismas aparecen cuando no hay claridad doctrinal.

El nuevo papa León XIV todavía no ha emitido comentarios claros sobre su opinión acerca de la familia, la situación de los divorciados o las bendiciones a parejas homosexuales. No obstante, en su primer discurso oficial afirmó que la familia se basa en la unión estable entre un hombre y una mujer. Dijo además que esta estructura era necesaria para construir sociedades pacíficas y armoniosas.

> Es tarea de quien tiene responsabilidad de gobierno aplicarse para construir sociedades civiles armónicas y pacíficas. Esto puede realizarse sobre todo invirtiendo en la familia, fundada sobre la unión estable entre el hombre y la mujer, bien pequeña, es cierto, pero verdadera sociedad y más antigua que cualquiera otra.[88]

Esto parece indicar que en este tema León XIV es más conservador que el anterior papa o que al menos no quiere el enfrentamiento con los cardenales más tradicionalistas.

No ha dicho nada sobre las uniones homosexuales, pero esas declaraciones ya han suscitado algunas críticas

[88] Sánchez Silva, Walter, «El papa León XIV afirmó que la familia se funda sobre la "unión estable entre el hombre y la mujer"», primer discurso oficial ante el cuerpo diplomático acreditado ante la Santa Sede, ACI Prensa, 16 de mayo de 2025, <https://www.aciprensa.com/noticias/113413/papa-leon-xiv-la-familia-se-funda-sobre-la-union-estable-entre-hombre-y-mujer>.

por parte de sectores que esperaban una continuidad con las políticas de Francisco.

En 2012 ya hizo algunas declaraciones criticando el estilo de vida homosexual: «El estilo de vida homosexual promueve valores contrarios a la enseñanza eclesial. Los gobiernos deben invertir en la familia, fundada sobre la unión de un hombre y una mujer».[89]

No se conocen declaraciones referentes a la polémica sobre dar la comunión a personas divorciadas que se han vuelto a casar, pero parece que el nuevo papa podría seguir las directrices del anterior.

Con respecto a los cambios en la estructura de la jerarquía y la constitución apostólica hay pocas dudas. Durante su periodo como arzobispo y cardenal, el nuevo papa apoyó las reformas de Francisco y ayudó a implementarlas. Presidió varios dicasterios y formó parte de la mayoría de ellos, y ya ha defendido la continuidad del sistema sinodal.

El apoyo a los necesitados y seguir las huellas de Jesús

Desde el primer momento, el papa León XIV se ha comprometido a estar del lado de los desfavorecidos. Como misionero agustino, dedicó gran parte de su vida a la gente pobre de Perú. Siendo obispo de Chiclayo, se destacó por su cerca-

[89] Castro, Camila, «¿Qué fue lo que dijo el papa León XIV que tiene molesta a la comunidad LGBTI?», *Crhoy.com*, 18 de mayo de 2025, <https://www.crhoy.com/mundo/que-fue-lo-que-dijo-el-papa-leon-xiv-que-tiene-molesta-a-la-comunidad-lgbti>.

nía con los más vulnerables. Fomentó proyectos sociales, la distribución de alimentos y la ayuda en medio de las catástrofes.

Cuando era obispo, el papa defendió a los venezolanos que llegaban escapando de su país y siempre ha tenido un enfoque muy humanitario, como hizo Francisco.

La decisión de llamarse León, como él mismo explicó, es por su defensa de los desfavorecidos a causa de los excesos del capitalismo, en honor al papa León XIII, el primer defensor de la doctrina social de la Iglesia católica.

El papa afirmó que hay que aplicar claves interpretativas en un diálogo con la ciencia y la conciencia.

> Por tanto, los invito a participar activa y creativamente en este ejercicio de discernimiento, contribuyendo al desarrollo de la doctrina social de la Iglesia junto con el Pueblo de Dios, en este momento histórico de grandes transformaciones sociales, escuchando y dialogando con todos. Hoy existe una necesidad extendida de justicia, una demanda de paternidad y maternidad, un profundo deseo de espiritualidad, especialmente entre los jóvenes y los marginados, que no siempre encuentran canales eficaces para expresarse. Existe una demanda creciente de doctrina social de la Iglesia a la que debemos responder.[90]

[90] ACI Prensa, «Discurso del papa León XIV sobre la doctrina social de la Iglesia ante la Fundación Centesimus Annus», 17 de mayo de 2025, <https://www.aciprensa.com/noticias/113431/discurso-del-papa-leon-xiv-sobre-la-doctrina-social-de-la-iglesia-ante-la-fundacion-centesimus-annus?>.

Hizo un llamado para dar la voz a los pobres y considerarlos «el tesoro de la Iglesia y de la humanidad».[91] Para esta identificación ha mencionado en varias ocasiones que la Iglesia debía volver al mensaje central de Cristo. Ya en sus primeras declaraciones en el balcón de la plaza de San Pedro saludó a la multitud en nombre del «Cristo resucitado, el buen pastor que dio la vida por el rebaño de Dios». También mencionó que la humanidad necesitaba a Cristo como puente para ser alcanzado por Dios y su amor, siendo este el vínculo del amor: «Queremos ser una Iglesia que camina con todos, que escucha, que acoge, que acompaña. Una Iglesia que no teme salir al encuentro de cada persona, llevando la luz de Cristo».[92]

Sus mensajes con respecto a la unidad, la superación de las diferencias en el seno de la Iglesia, el acercamiento a otras confesiones y la inclusión de los pobres están en la línea del papa Francisco. También ha prometido continuar las reformas de la curia y el establecimiento de la nueva constitución apostólica, aunque parece discrepar en algunas ambigüedades de la doctrina sobre la familia del anterior pontífice y sobre la tolerancia hacia los que quieren liturgias más tradicionales.

Los retos dentro de la Iglesia son importantes, pero los que le plantea un mundo lleno de contradicciones,

[91] Piqué, Elisabetta, «León XIV llamó a darles la palabra y a escuchar a los pobres, "tesoro de la Iglesia y de la humanidad"», *La Nación*, 17 de mayo de 2025, <https://www.lanacion.com.ar/el-mundo/leon-xiv-llamo-a-dar-la-palabra-y-a-escuchar-a-los-pobres-tesoro-de-la-iglesia-y-de-la-humanidad-nid17052025>.

[92] Escartín, «El norteamericano Robert Francis Prevost...», art. cit.

violencia y guerras aún van a ser mayores. La polarización política, el odio, la violencia y los conflictos son algunas de las situaciones que tendrá que enfrentar el nuevo papa en su pontificado. Juan Pablo II se enfrentó a la Guerra Fría, Pío XII al nazismo o el propio Francisco al aumento de la polarización política. Después de 2 000 años, la Iglesia católica sigue siendo una institución con un fuerte peso político y no parece que eso vaya a cambiar en este nuevo mandato de León XIV.

12

El papa frente a la modernidad

El papa de la paz frente a los conflictos

Aún conservamos en nuestros oídos la voz débil pero siempre valiente del papa Francisco que bendecía a Roma. El papa que bendecía a Roma daba su bendición al mundo, al mundo entero, aquella mañana del día de Pascua. Permítanme que dé continuidad a aquella misma bendición: ¡Dios nos quiere bien, Dios nos ama a todos, y el mal no prevalecerá! Estamos todos en las manos de Dios.

Por lo tanto, sin miedo, unidos de la mano con Dios y entre nosotros, vayamos adelante: somos discípulos de Cristo, Cristo nos precede. El mundo tiene necesidad de su luz. La humanidad necesita de Él como puente para ser alcanzada por Dios y por su amor.

Ayúdense también ustedes, los unos a los otros, a construir puentes con el diálogo, con el encuentro, uniéndonos todos para ser un solo pueblo siempre en paz. ¡Gracias al papa Francisco![93]

[93] Primer saludo como papa, *op. cit.*

Con la caída del Muro de Berlín y el colapso de la Unión Soviética en 1989, en la que tuvo su parte de influencia el papa polaco Juan Pablo II, se abrió un momento lleno de incógnitas, pero también de esperanzas. El telón que separaba al Este del Oeste, la liberación de muchos países oprimidos por la Unión Soviética y el final del peligro nuclear daban esperanzas fundadas a la humanidad.

El influyente historiador y sociólogo estadounidense Francis Fukuyama argumentó que tras el éxito del capitalismo y el final del comunismo se había producido el final de la historia. En su libro *El fin de la historia y el último hombre*, publicado en 1992, defendía que el final de la lucha de ideologías y la victoria del liberalismo traería una paz duradera en Occidente. Después de un siglo XX marcado por los genocidios, el holocausto, la Revolución rusa y las dos guerras mundiales, el siglo XXI sería un remanso de paz en comparación.

El modelo de las democracias liberales había triunfado y, de hecho, durante unos años surgieron nuevas democracias por todos lados, en especial en la Europa del Este.

Fukuyama llegó a afirmar que no era solo el fin de la Guerra Fría o una nueva etapa, era el fin de la historia como tal y que las ideologías humanas ya no evolucionarían más.

Curiosamente, otro historiador nos comunicó su propia teoría con la que acertó de lleno. Samuel Huntington habló del choque de civilizaciones. Si el mundo del siglo XX había sido dominado por la civilización occidental y cristiana, el XXI vería un conflicto sin fin entre varias formas de interpretar el mundo.

Esto no tardó en suceder en el mundo islámico, donde surgieron grupos terroristas antioccidentales que abominaban la cultura capitalista que regía el mundo y deseaban volver a la pureza de la religión islámica.

La historia no se detuvo en el siglo XXI, tal y como se vaticinaba. Apenas un año más tarde, el 11 de septiembre del 2001, Al-Qaeda, liderada por Osama bin Laden, perpetró un atentado contra las Torres Gemelas de Manhattan y el Pentágono de Estados Unidos, mandando un mensaje del comienzo de esa lucha de civilizaciones.

Ese mismo año, el presidente George W. Bush inició la guerra y la invasión de Afganistán para buscar a Osama bin Laden y destruir el régimen talibán que era su cómplice.

Dos años más tarde, en 2003, se produjo la Segunda Guerra de Irak, bajo la idea de que su dictador tenía armas nucleares, un conflicto que desestabilizó la región y permitió la creación del Estado Islámico o ISIS.

La Primavera Árabe, gracias a la cual cayeron varias dictaduras, fue vista por Occidente como el triunfo de la democracia, pero de 2010 a 2012, muchos países fueron convirtiéndose en proyectos fallidos o dictaduras islámicas.

Las guerras producidas por estos acontecimientos llevaron al desplazamiento de cientos de miles de personas y a crisis migratorias desde Siria y Afganistán hacia Europa, la creación de campos de refugiados en Turquía y Grecia, así como el desarrollo de un espíritu cada vez más nacionalista en Europa, que temía una avalancha de personas provenientes de esos países extranjeros.

Mientras crecía el euroescepticismo y la extrema derecha en Europa, aumentaban las guerras entre las potencias regionales, y China y Rusia adquirían cada vez más poder y protagonismo.

Por otro lado, la grave crisis financiera de 2008, la llamada «crisis de la avaricia», aumentó la desigualdad en los países occidentales y el retorno de ideologías como el marxismo o el fascismo, que contribuyeron a aumentar la crispación en las democracias occidentales.

El conflicto entre Israel y Palestina se acrecentó tras el fracaso de los acuerdos de paz por territorios y la muerte de Shimon Peres. El 4 de noviembre de 1995 se produjo el asesinato de Yitzhak Rabin a manos de un extremista judío tras la firma de los Acuerdos de Oslo de 1993, en el que ambos Estados se reconocían.

Mientras que Cisjordania era sometida y aceptaba la paz, los servicios secretos judíos, el temido Mosad, financió a un grupo radical llamado Hamás para que luchara con la Organización para la Liberación de Palestina (OLP) en los territorios de Gaza, pero este grupo se hizo con el poder de la región y comenzó una guerra abierta contra Israel.

Benjamín Netanyahu no continuó la senda de la paz durante su primer mandato, pero en el segundo, después de haber pactado con los ultraortodoxos, su política se radicalizó aún más.

Los atentados del 7 de octubre de 2023 causaron más de 1195 muertos y el secuestro de 251 ciudadanos judíos. Su finalidad era terminar con las negociaciones entre Arabia Saudí e Israel.

La posterior guerra en Gaza ha supuesto más de cincuenta mil muertos, según las autoridades de Hamás, y una crisis humanitaria sin precedentes, dividiendo a los aliados europeos y a Estados Unidos a la hora de actuar para parar la masacre.

En 2014, Rusia se anexionó Crimea y comenzó una guerra de bajo perfil en Donetsk y Lugansk. Vladímir Putin justificó una invasión masiva de Ucrania en 2022 por la persecución que sufría la comunidad rusa en dicho país. Aunque la invasión fracasó, ha desembocado en una larga guerra de desgaste.

Europa y Estados Unidos apoyaron a Ucrania y sancionaron a Rusia por la invasión, aunque eso no supuso el final de la guerra. Ese conflicto bélico ha producido ya cientos de miles de desplazados y decenas de miles de muertos. Es otro de los conflictos que el nuevo papa León XIV deberá afrontar.

Otros conflictos menores han marcado el mundo desde el cambio al tercer milenio. A la guerra civil en Sudán, las luchas de grupos islamistas en Nigeria, la guerra civil en Yemen y el conflicto en Etiopía, hay que sumar la pandemia de 2020, que afectó al mundo entero y terminó de empobrecer aún más a muchos países en vías de desarrollo.

La paz parece más lejos que nunca. En capítulos anteriores comentamos que en la actualidad hay más conflictos armados que a finales del siglo XX.

El papa Francisco movilizó el cuerpo diplomático para intentar frenar varios conflictos, desde la situación en Venezuela a la intermediación en Ucrania o en Gaza.

El nuevo papa León XIV ya comentó en su primer discurso que buscaba una paz auténtica, justa y duradera. El escenario internacional no puede ser más contrario a su voluntad. Apenas llevaba unos días en el cargo cuando ofreció el Vaticano y la diplomacia católica para frenar el conflicto entre Kiev y Moscú.

El presidente Donald Trump también aseguró, durante su campaña electoral de 2024, que solucionaría de una forma rápida el conflicto de Ucrania y el de Gaza. Pero, aunque se han producido algunos acercamientos, ambos conflictos parecen lejos de solucionarse por el momento.

Trump y Prevost

Los dos líderes estadounidenses parecen estar en posiciones políticas muy alejadas en ciertas cuestiones. Se rumoreaba que el actual papa pertenecía al Partido Republicano, pero la Junta Electoral del estado de Illinois confirmó que León XIV no tiene una filiación formal con el Partido Republicano.[94]

De todas formas, sí es cierto que el actual papa votó en diferentes ocasiones al Partido Republicano, aunque también lo hizo por el Partido Demócrata. Durante diferentes campañas electorales ha apoyado a uno u otro alternativamente. En 2012, el papa solicitó papeletas republicanas, al igual que en 2014 y 2016, pero en 2008 y 2010 solicitó las del Partido Demócrata. No sabemos si las usó o no, pero esto da a entender que el actual papa ha cambiado de tendencia en función de los candidatos.

Lo unen muchos elementos con la administración Trump y el Partido Republicano, desde la defensa de la vida

[94] Reuters, «Verificación: es falso que el papa León esté registrado como republicano en Illinois», 16 de mayo de 2025, <https://www.reuters.com/fact-check/espanol/KHFCNGKC4NO2JN7DNGYD3LS6QQ-2025-05-16>.

y la lucha contra el aborto, que Trump ha defendido, hasta el modelo de familia heterosexual y el freno a la cultura *woke*.

En otros temas ambos difieren, por ejemplo, en el trato a los inmigrantes sin documentación o en el ultraliberalismo económico del presidente Trump, además de que el papa no acepta la vida amoral que ha llevado Trump.

Algunos han comentado que ambos líderes estarían de acuerdo en la aceptación de un día de descanso, como sucedió en 1888, cuando el Congreso estuvo a punto de aceptar el domingo como día de descanso en la *Sunday Law*. El propio papa León XIII defendió esta idea en su famosa encíclica *Rerum novarum*: «El descanso del domingo es necesario para que el hombre recobre las fuerzas gastadas en el trabajo cotidiano y se entregue con más fervor al culto que se debe a Dios».[95]

Otro de los puntos coincidentes entre el papa León XIV y el presidente de Estados Unidos es su deseo de paz en el mundo, en especial en los conflictos de Gaza y Ucrania, aunque, sin duda, los métodos difieran.

Trump es partidario de la presión y de la búsqueda de soluciones pragmáticas sin tener en cuenta la identidad de los pueblos. En el caso de Gaza, incluso ha propuesto sacar a la población provisionalmente y convertir la zona en un complejo hotelero de lujo, demostrando así su falta de sensibilidad y empatía. El papa León XIV, en cambio, ha demostrado, a lo largo de su trayectoria eclesiástica, una gran cercanía a las personas que sufren y a los débiles.

95. *Rerum novarum*, § 41, *op. cit.*

En definitiva, son dos modelos muy diferentes, pero con puntos en común, sobre todo en algunos principios morales con base cristiana.

El vicepresidente J. D. Vance, uno de los pocos católicos que han accedido a altos cargos de responsabilidad en Estados Unidos, se reunió con el nuevo papa para hablar precisamente de los esfuerzos de ambas instituciones para conseguir la paz, pero también de libertad religiosa y de cooperación internacional.

El papa también habló con el secretario de Estado, Marco Rubio, también católico, en una reunión de unos 45 minutos: «Durante las cordiales conversaciones celebradas en la Secretaría de Estado, se reiteró la satisfacción por las buenas relaciones bilaterales».[96]

Las relaciones con el nuevo papa van a ser más cordiales que con Francisco, al que muchos republicanos consideraban demasiado de izquierdas.

La sintonía en los grandes temas es evidente, aunque el nuevo papa esté muy alejado de las formas de la administración Trump. Está por ver si esa colaboración se concreta en algo o se circunscribe únicamente a los halagos diplomáticos y la buena sintonía.

El nuevo papa León ya ha ofrecido la Santa Sede como lugar de encuentro para llegar a un acuerdo de paz entre rusos y ucranianos, cosa que el presidente Zelenski, de religión judía, le agradeció. De hecho, se propició el encuen-

[96] *Infobae*, «El papa León XIV recibió a J. D. Vance y Marco Rubio en el Vaticano», 19 de mayo de 2025, <https://www.infobae.com/america/mundo/2025/05/19/el-papa-leon-xiv-recibio-a-jd-vance-y-marco-rubio-en-el-vaticano>.

tro entre Donald Trump y Zelenski en el Vaticano para limar las asperezas producidas en el desencuentro que tuvo lugar en la Casa Blanca unos meses atrás.

Los obispos y cardenales estadounidenses dieron la bienvenida al nuevo papa. Para ellos es un honor tener un sumo pontífice de su país. No olvidemos que el apoyo de estos prelados en la votación del cónclave fue determinante. En el fondo, hasta los conservadores preferían a un papa mediador que a una nueva versión del papa Francisco.

Sin duda, Raymond Leo Burke y el arzobispo Carlo Maria Viganò seguirán vigilantes, aunque vean en el nuevo papa una mejor actitud.

Paz en Gaza

En la primera bendición dominical del 11 de mayo de 2025, León XIV denunció la grave situación en Gaza y afirmó: «En Gaza, los niños, las familias y los ancianos son llevados al hambre».[97] Después aseguró que no se podía olvidar a los hermanos y las hermanas que sufren a causa de las guerras.

El 8 de mayo, el papa ya había pedido un alto el fuego inmediato, además de solicitar que se proporcionaran alimentos a la agotada población gazatí. También exigió la libertad para los israelíes que aún permanecen secuestrados.

[97] EFE, «León XIV denuncia la situación en Gaza», *El Imparcial*, 18 de mayo de 2025, <https://www.elimparcial.es/movil/noticia/283573/mundo/el-papa-leon-xiv-denuncia-la-situacion-de-gaza-y-se-reunira-con-zelenski-este-domingo.html>.

Las palabras del papa León XIV están en sintonía con las de Francisco y la mayoría del mundo occidental. No sabemos cómo pueden influir las peticiones de un líder espiritual en este escenario político, que además tiene muchas connotaciones escatológicas. Jerusalén es el centro religioso de las tres grandes religiones monoteístas y ha sido un foco de conflicto desde hace miles de años.

Tal vez, las expectativas que se ponen sobre un solo hombre, aunque tenga una influencia moral y religiosa, no puedan influir decisivamente en este tipo de asuntos.

La guerra en Ucrania

La reunión con Volodímir Zelenski el mismo domingo en el que se celebraba la primera misa multitudinaria, a la que asistieron líderes de todo el mundo, parece mostrar la intención del nuevo papa de buscar la paz en Europa.

León XIV habló de la martirizada Ucrania y de que esperaba una paz justa y duradera.

La paz entre Rusia y Ucrania aún parece lejana, pero ambos mandatarios han dado algún paso enviando delegaciones a Estambul. Ninguno de los dos presidentes puede presentar a sus opiniones públicas una guerra que ha quedado en empate, ya que esto podría hacer caer sus gobiernos, al no poder explicar el sufrimiento inútil de una guerra sin sentido.

Zelenski agradeció al papa su apoyo espiritual y moral, así como el que le había dado también el papa Francisco.

Durante su primera homilía, el papa hizo un llamado a la unidad y la reconciliación en el mundo. Demandó un amor fraternal que supere el odio, la violencia y la exclusión, y también habló de la construcción de un nuevo mundo en paz.

Incluso llegó a afirmar que estamos ante una «tercera guerra mundial a pedazos»,[98] usando las palabras de su antecesor en el cargo. Sus palabras mismas indican la dificultad para obtener una paz real, porque en el fondo los conflictos actuales responden al renacimiento de los antiguos bloques, además de la influencia de China en la política internacional. El papa pidió a las grandes potencias del mundo su pronunciamiento por el no a la guerra.

China

Uno de los conflictos entre conservadores y progresistas dentro de la Iglesia católica hace referencia a los acuerdos de la Santa Sede con China, firmados el 22 de septiembre de 2018, que además fueron renovados en 2020 y en 2022. El objetivo era la mejora de las siempre tensas relaciones con Pekín.

Juan Pablo II, un papa anticomunista que había sufrido los excesos del bloque soviético, fue muy beligerante con países de ideologías marxistas. Benedicto XVI continuó en esa línea con países como China o Corea del Norte, donde la persecución religiosa es evidente.

[98] Winfield, Nicole y Dell'Orto, Giovanna, «El papa León XIV pide paz en Ucrania y Gaza en su primera bendición dominical como pontífice», *AP News*, 11 de mayo de 2025, <https://apnews.com/article/vaticano-papa-gaza-bendicion-leon-ucrania-paz-10896dd5db1ff32d485aea6ca7a835bf>.

Juan Pablo II supo ser flexible en algunos casos, pues visitó Cuba y se acercó a figuras como Fidel Castro, pero, al mismo tiempo, rechazó a los sandinistas en Nicaragua y a los religiosos que los apoyaban. El papa Francisco tuvo una política de apaciguamiento con regímenes como el de Chávez en Venezuela o la propia China. Tampoco quiso revindicar la ayuda a las Iglesias perseguidas en los países musulmanes, ya que creía que la cooperación sería más productiva que la condena internacional.

En ese marco de la política vaticana de apaciguamiento, se circunscriben los acuerdos con China o la visita a Mongolia de 2023. El acuerdo tuvo varios puntos positivos, como el reconocimiento mutuo. No olvidemos que la Iglesia católica también es un Estado político con el que se firman acuerdos bilaterales.

Otro de los puntos del acuerdo fue la participación del papa en los nombramientos de obispos y arzobispos, que hasta el momento imponía el gobierno chino, lo que había producido una Iglesia clandestina y otra oficial. La persecución de los regímenes comunistas al cristianismo ha sido notoria, y la de China ha sido la más larga y cruel hasta ahora.

El objetivo era unificar a la Iglesia oficial y la clandestina, pero esto muchos lo vieron como una traición a los católicos que han sufrido martirio por no aceptar las directrices del Partido Comunista.

Una de las críticas hacía referencia a la falta de transparencia en los acuerdos, sobre los que no se conocen los detalles; solo son conocidos al más alto nivel.

El otro punto de fricción es que la persecución religiosa en China no se ha detenido tras los acuerdos. Es una persecución más sutil en algunas regiones, pero despiadada en otras: se han cerrado iglesias, se ha presionado para que los sacerdotes se integren en la Iglesia patriota y las comunidades fieles a Roma son vigiladas de cerca. En varias iglesias incluso se ha sustituido la imagen de Cristo por la de Xi Jinping, el presidente chino.

Las voces críticas también han comentado que los fieles chinos han sido entregados a obispos que los habían abandonado al apoyar la dictadura comunista.

Uno de los más críticos ha sido el cardenal Joseph Zen Ze-kiun, obispo emérito de Hong Kong, que también ha visto cómo se limitaba la libertad religiosa en la región. El cardenal comentó que esos acuerdos son una traición a Jesús y que el Vaticano estaba vendiendo la Iglesia a los comunistas.

El Vaticano se defendió argumentando que el acuerdo era pastoral y no político, para garantizar la continuidad del catolicismo en el país. Pietro Parolin afirmó que el acuerdo era un acto de fe en la providencia de Dios.

El acuerdo continúa en vigor en la actualidad, a pesar de que el Vaticano ya ha denunciado su incumplimiento por parte del gobierno chino. La libertad religiosa sigue siendo una asignatura pendiente en China, pero esta situación se está extendiendo a otros países.

Al final, los debates sobre la paz y las relaciones con Estados totalitarios están a la orden del día. La Iglesia católica se encuentra en la tesitura de denunciar los ataques o esperar a que las cosas mejoren.

En la actualidad nos encontramos ante la tesitura de que nunca había habido tantos mártires cristianos en el mundo, ni siquiera en los primeros tiempos del cristianismo. La organización Puertas Abiertas ha calculado que unos 380 millones de cristianos en el mundo sufren diferentes niveles de persecución o discriminación. La mayoría de los países en los que se discrimina a los cristianos son comunistas o de mayoría musulmana. Uno de los más indignantes es Corea del Norte. Aunque se mantienen algunas iglesias para exhibir la supuesta política tolerante, la realidad es que el medio millón de cristianos que resisten en el país son amenazados con el ingreso en los terribles campos de concentración del régimen. No pueden practicar su fe ni pueden leer la Biblia.

Otra de las zonas en conflicto es el África subsahariana, donde la presión de los musulmanes sobre los cristianos está produciendo una masacre encubierta de estos últimos. En Nigeria o Burkina Faso se producen asesinatos y secuestros casi todas las semanas, mientras la opinión pública internacional calla o mira para otro lado: iglesias incendiadas, pastores asesinados, mujeres secuestradas para ser usadas como esclavas sexuales.

En Oriente Próximo, la libertad religiosa tampoco existe. En algunos países, la mínima tolerancia que existía ha desaparecido y millones de cristianos han huido hacia Occidente. En países como Yemen, Afganistán, Irán y la actual Siria, se asesina y encarcela a cristianos sin que nadie proteste.

Algunas de las víctimas han denunciado «desproporcionadamente poca cobertura o respuesta internacional en comparación con otras crisis de derechos humanos. [...] La asociación histórica del cristianismo con el poder occidental hace que a muchos les resulte difícil conceptualizar a los cristianos como víctimas en lugar de agentes de opresión. Esta narrativa persiste a pesar del hecho de que la mayoría de los cristianos perseguidos viven en el Sur Global, no en Occidente».[99]

Los datos globales son abrumadores: de 2024 a 2025, 4 477 cristianos han sido asesinados por su fe, el 69 por ciento en Nigeria. Otros 4 125 han sido encarcelados sin ningún tipo de juicio por su fe, la mitad de ellos en la India, una supuesta democracia secular. Se calcula que 295 120 cristianos han huido o se han visto obligados a irse de sus pueblos y ciudades. Por último, 3 906 han sido secuestrados, en su mayoría mujeres, por sus creencias cristianas, sin que las asociaciones feministas hayan expuesto esta situación de discriminación y violencia contras las mujeres.

Persecución a los cristianos en 2025

La persecución a los cristianos ha aumentado notablemente entre 2020 y 2025. A continuación, en la tabla 12.1, se presenta la lista de los diez países donde más se persigue a los cristianos, según la Lista Mundial de la Persecución 2025.

[99] González, Enrique, «Cómo los cristianos sufren persecución extrema en todo el mundo, incluyendo un país de C. A.», *Newsweek El Salvador*, 3 de marzo de 2025, <https://newsweekespanol.com/elsalvador/2025/03/03/como-los-cristianos-sufren-persecucion-extrema-en-todo-el-mundo-incluyendo-un-pais-de-c-a>.

Tabla 12.1. Los diez países donde más se persigue a los cristianos

Puesto	País	Tipo de persecución predominante
1	Corea del Norte	Totalitarismo comunista, represión absoluta
2	Somalia	Islamismo radical, anarquía tribal
3	Libia	Caos posguerra, milicias islamistas
4	Eritrea	Régimen autoritario, represión religiosa
5	Yemen	Guerra civil, extremismo islámico
6	Nigeria	Terrorismo yihadista, violencia anticristiana
7	Pakistán	Leyes de blasfemia, discriminación legal
8	Irán	Represión estatal, arrestos masivos
9	Afganistán	Prohibición total del cristianismo
10	Sudán	Islamismo militante, represión estatal

Fuente: Lista Mundial de la Persecución, 2025.

En Argelia se cierran iglesias protestantes y se encarcela a los pastores por su fe. En Arabia Saudí ha bajado un poco la presión, pero está prohibida la conversión al cristianismo.

Sí en 2010 unos 100 millones de cristianos sufrían persecución, en 2025 la cifra alcanza los 380 millones. Se calcula que en lo que llevamos de siglo, unas cien mil personas han sido asesinadas por su fe cristiana.

Cristianos asesinados por su fe (2000-2025)

A continuación se presenta una estimación del número de cristianos asesinados por su fe en el mundo, desde el año 2000 hasta 2025 (tabla 12.2). Estas cifras provienen de diversas organizaciones, especialmente Puertas Abiertas, y reflejan la gravedad de la persecución religiosa en distintas regiones del planeta.

Tabla 12.2. Número de cristianos asesinados por su fe en el mundo (2000-2025)

Año	Cristianos asesinados por su fe	Fuente
2000-2010	100 000 (estimado)	Estimaciones de diversas organizaciones religiosas
2011	5 000 (estimado)	Estimaciones de diversas organizaciones religiosas
2018	4 305	Puertas Abiertas
2019	4 300	Puertas Abiertas
2020	4 761	Puertas Abiertas
2021	5 898	Puertas Abiertas
2022	5 621	Puertas Abiertas
2023	4 998	Puertas Abiertas
2024	4 476	Puertas Abiertas
Total estimado (2000-2025)	139 404	Cálculo acumulado

Fuente: Puertas Abiertas y otras organizaciones religiosas.

Y la persecución va en aumento, incluso en países como Nicaragua en Centroamérica. En la festividad de San Esteban en 2023, el papa Francisco comentó que las comunidades cristianas sufren discriminación y que había que luchar por la justicia y la libertad religiosa. Y en 2025, denunció públicamente la persecución religiosa desatada en Nicaragua.

El papa León XIV aún no se ha pronunciado sobre este tema. Si sigue la línea de su antecesor, intentará no enfrentarse a la situación directamente, sino más bien de forma generalizada y poco concreta. Puede que esto sea mejor para que no aumente la represión, pero un problema que no se visualiza para que exista la presión internacional no cambia por sí mismo.

Los retos de la Iglesia ante todos estos temas tan complejos son superlativos, pero hay muchos más que el papa Francisco no pudo solucionar y que siguen en el debate de la Iglesia católica, como el papel de la mujer, el celibato, la secularización, las finanzas vaticanas o el peso de una Iglesia cada vez más globalizada.

13

Desafíos internos

Abusos, secularización, globalización de la Iglesia

> Me han llamado para llevar una cruz y para ser bendecido con esta misión, y quiero que ustedes caminen conmigo porque somos la Iglesia, una comunidad que debe anunciar la Buena Nueva.[100]

El pontificado de Francisco no fue muy largo, algo más de doce años, pero en ese breve tiempo el papa logró cambiar algunas cosas fundamentales dentro de la Iglesia católica y el Vaticano. No olvidemos que recibió una herencia difícil, por ejemplo, una Iglesia cuestionada por sus escándalos económicos con el famoso Vatileaks, una serie de filtraciones de documentos secretos que involucraban a miembros de la curia en temas de corrupción y chantajes a obispos por su presunta homosexualidad. El escándalo saltó en la televisión italiana en vivo, cuando el periodista Gianluigi

[100] Declaración hecha por León XIV en su primera misa en la Capilla Sixtina.

Nuzzi sacó a la luz cartas del arzobispo italiano Carlo Maria Viganò. Tras el arresto de Paolo Gabriele, mayordomo del papa, por la filtración de los documentos, la crisis de la Iglesia católica ya había llegado a los medios de la mitad del mundo.

El papa Benedicto XVI hizo unas declaraciones muy sorprendentes: «Los acontecimientos de los últimos días acerca de mis colaboradores han traído solo tristeza a mi corazón. [...] Quiero renovar mi confianza a mis más cercanos colaboradores y a todos los que, día a día, con su lealtad y espíritu de sacrificio, me ayudan a cumplir».[101]

La dimisión de Benedicto XVI conmocionó a medio mundo. Para ello adujo problemas de salud, pero en realidad dejó el cargo porque se sentía superado por las circunstancias. Los papeles secretos revelaron grupos de presión dentro de la curia, descontrol en las cuentas vaticanas y la ocultación de casos de pederastia y abusos sexuales.

Así, pues, la labor del papa Francisco al llegar a Roma no fue sencilla. Los cambios que debía acometer no eran solo coyunturales, sino muy profundos. El objetivo era cambiar el sistema mismo de poder, la toma de decisiones y los contrapoderes. El papa comenzó de forma lenta pero segura. Primero con el cambio de la constitución apostólica, la ley que regía la forma de gobierno de la Iglesia católica, y luego siguió con la descentralización, la participación de los

[101] Amato, Alberto, «El mayordomo que traicionó al papa, robó documentos secretos y desató un escándalo en el Vaticano», *Infobae*, 5 de octubre de 2021, <https://www.infobae.com/sociedad/2021/10/06/el-mayordomo-que-traiciono-al-papa-robo-documentos-secretos-y-desato-un-escandalo-en-el-vaticano/>.

laicos, la transparencia de las cuentas y el freno en seco de los abusos a menores.

Al mismo tiempo, el papa Francisco desató una serie de polémicas que apartó el foco mediático de los temas más delicados. Su carácter fuerte y seguro le permitió realizar los cambios sin sufrir las presiones del anterior pontificado.

Se negó a vivir en los departamentos papales para no apartarse de la realidad. En la Casa de Santa Marta estaba rodeado de su gente de confianza y, lo que era más importante, seguía en contacto con el mundo y no viviendo todo desde el filtro de los cargos vaticanos.

Lo primero que hizo fue buscar obispos y cardenales que desearan la reforma, dándoles más poder y cambiando la base de la curia. Fue un proceso lento, pero que aseguraría cambios a largo plazo.

En 2014, creó la Comisión Pontificia para la Protección del Menor, que iba a tratar los casos de pederastia y prevenir otros en el futuro. En 2019, promulgó el *motu proprio Vos estis lux mundi*, en el que se establecía un procedimiento obligatorio para la denuncia de los abusos sexuales. En el documento se incluía la obligación de clérigos y religiosos de informar cualquier caso.

Otro de los cambios estaba relacionado con el ámbito del derecho canónico: las sanciones a los miembros de la Iglesia que hubieran cometido delitos graves fueron mucho más severas. En 2019, también eliminó el secreto pontificio en los casos de abuso, para que los obispos no se sintieran atados en este sentido.

En el ámbito financiero también se hicieron reformas profundas. Los bancos vaticanos ya habían sido criticados con anterioridad por su relación con la mafia y el blanqueamiento de dinero. Para evitar problemas en el futuro, en 2014 se creó la Secretaría Económica, que se encargaría de elaborar el presupuesto anual, además de gestionar y administrar las cuentas de la Iglesia. También se reformó la autoridad financiera del Vaticano para mejorar la transparencia y los mecanismos de control. Se crearon comisiones para investigar el Instituto para las Obras de Religión, que era el que más dinero movía en Roma. Se cerraron las cuentas bancarias sospechosas, unas cinco mil cuentas, para combatir el lavado de dinero.

Por último, se procesó a varios altos cargos implicados en los escándalos. En 2023, el cardenal Angelo Becciu, exfuncionario de la Secretaría de Estado, fue condenado a cinco años y medio de prisión, algo inaudito en el Vaticano. El papa quería mandar un aviso a las altas esferas de la curia, asegurándoles que nadie quedaría fuera del control político.

Aun así, para que las reformas funcionaran, trasladó el poder a los dicasterios, en los que ya no había mayoría de miembros de la curia porque se había procedido a la introducción de hombres y mujeres seculares, verdaderos expertos, no personas con carreras eclesiásticas.

En definitiva, se quitó el poder material a cardenales y arzobispos, animándolos a que se centraran en su labor pastoral y espiritual.

El papa Francisco se rodeó de gente cercana para profundizar en las reformas. Uno de sus máximos colaboradores fue Pietro Parolin. La labor de este cardenal se circunscribió sobre todo al ámbito diplomático, creando un estilo propio mucho más dialogante, incluso con Estados que antes se habían opuesto a Roma.

Simona Brambilla

Uno de los nombramientos más polémicos dentro de la curia fue el de una mujer como prefecta para los Institutos de Vida Consagrada. En el año 2024, el papa nombró a Simona Brambilla para ocupar dicho cargo, la primera mujer en liderar un dicasterio, una entidad que podríamos comparar con el ministerio de cualquier Estado. Sor Simona Brambilla es una monja italiana nacida en 1965, miembro de las Misioneras de la Consolación, licenciada en Psicología y con experiencia en los enfoques de evangelización e inculturación. Había ejercido como superiora general en su congregación, lo que le proporcionó suficiente experiencia para un cargo tan importante como el del dicasterio.

Francesca Di Giovanni

Francesca fue otra de las mujeres más poderosas del Vaticano, italiana y seglar, que trabajaba en los Movimientos de los Focorales antes de ser nombrada subsecretaria para Asuntos Multilaterales de la Secretaría de Estado y era experta en temas de migración y derechos humanos. Su nombramiento se produjo en 2020. Fue la primera mujer laica en ocupar un puesto en la curia y se retiró en 2023, a los 70 años.

Fabián Pedacchio

Se trata de un sacerdote argentino amigo cercano de Francisco durante su etapa en Buenos Aires, que sería el secretario personal del papa, un hombre de su total confianza.

Fabio Salerno

Fabio sustituyó a Fabián en 2020. Se trata de un sacerdote italiano, doctor en Derecho Canónico. Es el hombre que movió los asuntos del papa en los últimos cinco años.

Robert Francis Prevost

Pero el más importante de sus colaboradores fue sin duda el cardenal Robert Francis Prevost, que desde 2023 trabajó codo a codo con Francisco.

El cardenal Prevost se reunía todos los sábados con el papa, privilegio que muy pocos han tenido. Nombrado para varios dicasterios, sin duda el más importante fue el Dicasterio para los Obispos: como prefecto de dicho organismo, era el jefe de todos los obispos a nivel mundial y el que proponía al papa los nuevos candidatos.

En el Vaticano hay varios agustinos con poder, y en los que seguramente se podrá apoyar el nuevo papa. El sacristán vaticano es de la orden de los agustinos desde 1352, y sus funciones consisten en ser confesor papal y guardián del Sagrario. También el director de la Biblioteca Vaticana es agustino por tradición y, por tanto, muy cercano al nuevo pontífice. La parroquia de Santa Ana, ubicada dentro de la Ciudad Vaticana, está también regida por agustinos desde 1929.

El papa León XIV cuenta además con varios colaboradores cercanos que seguirá utilizando en su nuevo puesto.

Edgard Iván Rimaycuna Inga

El secretario personal del papa es originario de Perú. Es sacerdote, filósofo y teólogo. Los dos hombres se conocieron durante el episcopado de Prevost en Chiclayo. Este hombre de confianza es una muestra de la influencia de la Iglesia latina en el nuevo papa.

Cardenal Pietro Parolin

El papa confirmó, al menos por ahora, a Pietro Parolin como secretario de Estado, una especie de ministro de Exteriores. Esto suele ser habitual cuando se produce un cambio de papa, dejar que los cargos importantes agoten su mandato y no hacer cambios bruscos. Aunque fue contrincante de León XIV en el cónclave, ambos religiosos tienen posturas cercanas.

Cardenal Juan José Omella

El arzobispo de Barcelona es un hombre muy cercano al nuevo papa y será una figura clave en el nuevo pontificado.

Es uno de los españoles con más poder en la Iglesia católica por su cercanía al nuevo papa.

El equipo de León XIV refleja la continuidad de las políticas de Francisco y la sintonía con el anterior pontificado, aunque puede que se produzcan cambios cuando el papa termine de aterrizar en su cargo.

El papel de la mujer en el nuevo pontificado

La postura de León XIV hacia el papel de la mujer en la Iglesia católica es moderada y reflexiva. Prácticamente todas las Iglesias, menos las ortodoxas, han aceptado el sacerdocio femenino y algunas hasta el obispado o arzobispado. La Iglesia católica, que es la confesión más grande del mundo, es una de las que se ha mostrado reacia hasta ahora.

Francisco, como ya vimos, incluyó a la mujer en los roles de decisión, en puestos significativos en los dicasterios o en la curia, aunque de forma tímida y con cuentagotas. En el caso del Dicasterio para los Obispos, que dirigía Prevost, había tres mujeres, lo que puede ser un indicio de que León XIV quizás aumente el número de mujeres en estos puestos.

La ordenación femenina es un tema mucho más polémico y que siempre ha sido evitado por los anteriores papas. La falta de vocaciones y los servicios de muchas religiosas y laicas en los cultos dominicales en los que no hay sacerdotes puede que decante el asunto en favor de la ordenación femenina. Aun así, el nuevo papa ha defendido que la larga tradición de la Iglesia nunca ha incluido el sacerdocio femenino y, por tanto, no parece que él lo vaya a incluir.

El debate se encuentra en este momento en la posibilidad de que las mujeres puedan acceder al diaconado. Es un tema que ha formado parte de las comisiones vaticanas. Dentro de la Iglesia católica, un diácono suele ser un seminarista que está en camino al sacerdocio, pero no ha sido ordenado. Luego están los diáconos permanentes, que pueden estar casados si accedieron a esa condición después de su matrimonio. El diácono puede predicar y dar catequesis, administrar el sacramento del bautismo, asistir y bendecir matrimonios, oficiar funerales, distribuir la comunión, pero no consagrarla, ejercer la labor pastoral social y presidir celebraciones o liturgias.

El nuevo papa aumentará el número de mujeres en los dicasterios y otras instituciones, pero posiblemente no propondrá que se apruebe el sacerdocio femenino.

Los jóvenes

Dicen que los jóvenes son el futuro de cualquier institución, pero este tópico es falso. Los jóvenes son el presente de cualquier organización. Si se tarda mucho en integrarlos o en cederles el poder, en la mayoría de los casos, la institución estará condenada a desaparecer con el tiempo.

La Iglesia católica, como otras confesiones religiosas, sufre una notable crisis generacional. Una de las evidencias es el envejecimiento del clero, primer síntoma de que va a costar que se produzca el necesario relevo dentro de unos diez años. Pero también incluye otros asuntos, como la baja asistencia a misa o la edad promedio de los feligreses católicos.

Cierto es que las circunstancias varían mucho por continentes o países: mientras que la Iglesia en África es muy joven, la de Europa está notablemente envejecida, aunque mantiene mejor en países como Italia o Polonia.

En España, uno de los países que más se está secularizando, solo el 21 por ciento de los católicos de entre 15 y 24 años y el 17 por ciento de los de entre 25 y 34 años asisten a misa semanalmente, unos datos muy inferiores a los de décadas anteriores.

El número de seminaristas en España ha pasado de 1736 en 2002 a 1066 en 2022. A nivel mundial, en 2024 se registraron unos 108 481 seminaristas, unos 1400 menos que el año anterior.

La desaparición de los seminarios menores en la mayoría de los países está acelerando este proceso, ya que ahora parece mucho más difícil que personas mayores de 18 años tomen una decisión tan drástica en sus vidas. Para que nos hagamos una idea, la edad promedio de los sacerdotes en la actualidad es de 57.8 años, y en algunos países es mucho peor.

El papa Francisco tomó una serie de iniciativas para animar a los jóvenes a unirse a la Iglesia y buscar nuevas vocaciones religiosas. Las Jornadas Mundiales de Juventud de 2023 en Lisboa o de 2027 en Seúl fueron un éxito de asistencia y ayudaron a dar visibilidad a otro estilo de ser joven, además de mostrar la fuerza de convocatoria que todavía tiene la Iglesia católica.

El anterior papa intentó acercarse más a los jóvenes. Uno de sus videos póstumos era para animarlos a seguir el camino de Dios. Los animó a aprender a escuchar, sobre todo aumentando el diálogo intergeneracional.

El papa fundó la Scholas Occurrentes, una organización internacional fundada con la intención de difundir la cultura del encuentro y la educación de los jóvenes.

En un mundo como el actual, los jóvenes tienen muchas opciones y a veces les cuesta elegir la religiosa, más aún el sacerdocio, que implica muchos tipos de renuncia.

Uno de los problemas entre los jóvenes católicos es que en los últimos años no ha habido una orientación clara sobre la fe y la moral, pero lo que realmente ha dejado de atraer a los jóvenes son algunas posturas inmovilistas de la Iglesia.

Por otro lado, la mayoría de los movimientos religiosos que aglutinaban a los jóvenes venían del ámbito más conservador, desde el Opus Dei, los Legionarios de Cristo o el Camino Neocatecumenal del español Kiko Argüello.

La Iglesia católica consigue que los niños vayan a la iglesia hasta la adolescencia, pero después es mucho más difícil mantenerlos dentro. Falta una labor pastoral más amplia hacia los jóvenes.

En España, por ejemplo, han surgido algunos grupos de música, como es el caso de Hakuna, que desde 2013 ha aglutinado a decenas de miles de jóvenes con sus letras sencillas, que hablan de los problemas de los jóvenes. Este grupo tiene más de 275 000 oyentes en plataformas como Spotify. Su canción *Huracán* ha tenido más de diez millones de reproducciones. Han logrado reunir a más de quince mil jóvenes en sus conciertos por todo el país. Otro grupo es La Voz en el Desierto, creado por seminaristas de Alcalá de Henares. Luis Poveda, Luispo, un sacerdote del Opus Dei, logró que su canción *Dijiste sí* tuviera 1.5 millones de reproducciones en Spotify.

El uso de las redes sociales, sobre todo por los jóvenes, ha permitido una cultura alternativa que jamás suele salir en los medios de comunicación convencionales, muy secularizados. El Dicasterio para la Comunicación está haciendo un intenso trabajo en este sentido.

León XIV está más acostumbrado que otros papas a las redes sociales y sabe de la necesidad de llegar a los jóvenes. En su primera misa ya habló de su compromiso de inclusión a todos. Los perfiles del papa en Instagram y X tienen miles de seguidores, pero desde que fue elegido papa, ascendieron a millones de seguidores. En este ámbito, el papa León XIV continuará con las políticas de su antecesor.

Un mundo secularizado

Desde la Revolución francesa se ha producido una tendencia hacia la secularización del Estado y de la sociedad. Muchos filósofos de la Ilustración implantaron la idea de que la religión se ejerciera en el ámbito de lo privado. Este proceso se aceleró con las teorías de filósofos como Immanuel Kant o Hegel, pero también en la Inglaterra de John Locke o David Hume.

El nuevo papa debe afrontar el enorme reto de hacer más visible la Iglesia católica en un mundo secular. Aunque en su primera misa consiguió reunir a los dirigentes más importantes del mundo y que los medios de comunicación le prestaran toda su atención, la realidad es que la religión es un tema cada vez más secundario en Occidente.

Francisco ya habló de la necesidad de evangelizar la cultura, una idea extraída del escritor cristiano C. S. Lewis. El nuevo papa fomentará una mayor visibilidad de los católicos en la cultura.

La mayor apuesta del papa es llegar mucho más a los marginados, los pobres y los obreros, en un mundo de mayor injusticia social, como el de su homólogo León XIII. Ahora que aumenta la extrema izquierda y la extrema derecha, alimentadas por los descontentos y los excluidos, a los que el papa pretende recuperar para la Iglesia.

El énfasis en la evangelización y un sistema sinodal más participativo y cercano a la gente es otra de sus grandes apuestas. En muchos casos, la gente hace una distinción entre la Iglesia oficial y el cristianismo, diferenciando a la curia y la jerarquía de sus creencias. El nuevo papa deberá mejorar esa imagen dañada de la Iglesia por tantos casos de escándalos de todo tipo.

Una Iglesia menos centralizada

Uno de los temas en los que el pontificado del anterior papa hizo más hincapié fue la descentralización de la Iglesia. La realidad de la Iglesia no se correspondía hasta hace poco con su representación en Roma y en los cargos eclesiásticos.

En 2013, el papa Francisco comenzó con lo que denominaba el nombramiento de cardenales de la periferia. Muchos de ellos pertenecían a países que jamás habían tenido un cardenal. Si durante el siglo XX, el Vaticano se convirtió en una Iglesia menos romana, en el siglo XXI se está convirtiendo en una Iglesia menos europea.

Cardenales de Birmania, Papúa Nueva Guinea, Brunei, Cabo Verde, Mongolia o Tonga han cambiado los rostros del Colegio Cardenalicio.

En 2013, el 50 por ciento de los cardenales eran de origen europeo. Diez años más tarde, en 2023, solo eran el 37 por ciento; habían perdido peso frente a Asia, América Latina y África.

El papa Francisco llegó a decir que la Iglesia era una orquesta, que no se podía tocar un solo instrumento y sacar diversidad de sonidos para alcanzar la armonía. Un ejemplo de esta iniciativa es que se han realizado sínodos en muchas partes, como el celebrado en la Amazonia en 2019.

Sin duda el nuevo papa seguirá esta senda. Él mismo es un papa de la periferia, con todo lo que eso supone. Como misionero en Perú es un estadounidense que se ha criado en un ambiente muy diferente al de muchos antiguos príncipes de la Iglesia católica.

Celibato sacerdotal

Otro de los grandes temas que se están debatiendo en la Iglesia católica es el del celibato. Hubo muchas expectativas con el anterior papa, pero no se llegó a ningún cambio.

Oficialmente, el celibato se convirtió en obligatorio durante el Concilio de Trento, aunque *de facto* ya lo era mucho antes.

El papa Francisco llegó a afirmar que el celibato es una regla de vida apreciada, pero no una imposición doctrinal, dejando abierta la posibilidad a su revisión: «El celibato no es un dogma de fe, es una regla de vida que yo aprecio mucho y creo que es un don para la Iglesia. No siendo un dogma de fe, siempre tenemos la puerta abierta para cambiarlo».[102]

Lo cierto es que el celibato es una regla y no un mandamiento. Se hizo para evitar que se heredaran los cargos eclesiásticos de padres a hijos, y para que el sacerdote se centrara en su labor pastoral, no tanto en la pureza sexual.

La realidad es que muchos sacerdotes, obispos e incluso algún papa vivieron en concubinato, cosa que se persiguió especialmente después del Concilio de Trento.

En el Concilio Vaticano II, el papa Pablo VI divulgó un documento, titulado *Sacerdotium ministeriale*, que abordaba el asunto. Juan Pablo II, por su parte, lo sacó del debate durante mucho tiempo porque lo consideraba algo impensable. Lo mismo ocurrió con el papa Benedicto XVI y, aunque la postura de Francisco era más abierta, tenía demasiados frentes abiertos para luchar en otro más.

En la actualidad hay muchos sacerdotes casados. El Movimiento Nacional de las Familias de los Padres Casados en Brasil pidió que se examinara la posibilidad de casarse. De

[102] Veiga, Edison, «Cuándo y por qué la Iglesia Católica impuso el celibato a sus sacerdotes», BBC News, 18 de septiembre de 2018, <https://www.bbc.com/mundo/noticias-45552189>.

hecho, en ese país, en los últimos años unos siete mil sacerdotes han solicitado ser eximidos de sus votos.

En todo el mundo debe de haber unos cien mil sacerdotes casados. En la actualidad, en países como España se habrán casado unos ocho mil sacerdotes, entre el 20 y el 30 por ciento. Los sacerdotes casados, si siguen en relación con la Iglesia católica, suelen convertirse en diáconos, lo que les permite continuar con muchas de sus labores anteriores.

A nivel mundial, hay más de un 2.5 por ciento de los sacerdotes casados que mantienen relación con la Iglesia. El número de sacerdotes a nivel mundial son unos cuatrocientos mil, una cantidad estable desde 1970. El número de sacerdotes que se casan también se ha mantenido estable.

La soledad de sacerdotes y religiosos cuando llegan a la jubilación es muy grande, pero no parece que las cosas vayan a cambiar por el momento.

El papa León XIV tuvo dudas a este respecto y afirmó:

> Algunas veces hablaba con mi padre de cosas muy concretas, de las dudas que podían entrar cuando de joven pensaba «quizás es mejor dejar esta vida y casarme, tener hijos», una vida, digamos, normal, lo que conocía también en mi familia, momentos de elección, de discernimiento que eran muy importantes.[103]

[103] *El Debate*, «El joven sacerdote Robert Prevost conversaba con su padre sobre cómo sería casarse y tener hijos», 9 de mayo de 2025, <https://www.eldebate.com/religion/vaticano/20250509/joven-sacerdote-robert-prevost-conversaba-veces-padre-sobre-como-seria-casarse-tener-hijos_295631.html>.

Las dudas del actual papa son normales. De hecho, en la Biblia se recomienda que pastores y obispos sean maridos de una sola mujer.[104] El apóstol san Pablo recomienda el celibato si es un don personal, para servir mejor a la Iglesia, como dice en la Carta a los Corintios:

> ¿Estás ligado a mujer? No procures soltarte. ¿Estás libre de mujer? No procures casarte. Mas también si te casas, no pecas; y si la doncella se casa, no peca; pero los tales tendrán aflicción de la carne, y yo la quisiera evitar.[105]

El celibato seguirá estando en la agenda de la Iglesia católica, ya que sin duda afecta a muchas vocaciones que no se atreven a enfrentar esta dura renuncia que Roma pide a los sacerdotes, los religiosos y las religiosas.

Ya comentamos que bajo el papado de Francisco se crearon diferentes instituciones y formas de control para evitar los abusos sexuales y parece que han frenado la aparición de nuevos casos. La tolerancia cero del anterior pontífice parece haber funcionado. Se cesó a varios altos cargos por no haber denunciado los casos de sus diócesis, tanto obispos en Estados Unidos como también en Chile, Irlanda o Polonia. En el caso de España, en 2025, los salesianos indemnizaron por primera vez a una víctima de pederastia en Navarra. El papa Francisco instó a los obispos belgas a

[104] Versión Reina Valera, 1960, Primera Carta a Timoteo 3, 2: «Pero es necesario que el obispo sea irreprensible, marido de una sola mujer, sobrio, prudente, decoroso, hospitalario, apto para enseñar».

[105] Versión Reina Valera, 1960, Primera Carta a los Corintios 7, 27-28.

no encubrir los abusos y no ha dejado de presionar a las Iglesias nacionales en este asunto.

El nuevo papa León XIV parece que continuará con esta política de tolerancia cero, a pesar de que algunos lo hayan acusado de resguardar a un agustino hace unos años o de no ser muy diligente con algunos casos sucedidos en su diócesis en Perú. Algunos creen que estas acusaciones provienen de ciertos sectores más conservadores de la Iglesia para desprestigiar al nuevo papa. En 2022 hubo una denuncia a dos sacerdotes en la diócesis de Prevost y este no inició una investigación canónica. Su sucesor, el obispo Edinson Farfán, defendió la actuación de Prevost aduciendo que se respetaron los procedimientos canónicos y que la investigación del caso continúa abierta.

Por último, podríamos preguntarnos si la Iglesia católica está en peligro de sufrir algún tipo de cisma. Sin duda el talante conciliador del nuevo papa parece que alejará esta posibilidad. El apoyo de algunos cardenales conservadores a Prevost para convertirlo en papa demuestra que su talante conciliador es muy valorado. Su perfil doctrinal ortodoxo, mucho más que el de Francisco, en temas de moral sexual, el sacerdocio y el papel de la mujer, unido a su experiencia en el gobierno de la Iglesia, lo convirtieron en el mejor candidato para la mayoría de los cardenales.

Es un hombre que parece más neutral que Francisco, al que acusaban de izquierdista. Al provenir de una familia con orígenes muy diversos y tener una trayectoria multicultural, no es percibido como un papa europeo ni americano. Su origen es un verdadero crisol cultural. Por último, su imagen de continuidad sin roturas, pero con respeto hacia posturas minoritarias le ha dado un gran apoyo por parte de la curia. Ahora tendrá que ganarse al pueblo católico, aunque su sensibilidad y sencillez ya ha conquistado a muchos. Un agustino humilde, muy preparado e inteligente es el mejor candidato que podía presentar la Iglesia católica en este momento. ¿Cómo es el talente y la personalidad del nuevo papa? ¿Será capaz de transmitir tanta fuerza como su antecesor?

Los cambios en los próximos años van a ser, como mínimo, emocionantes, ya que el mundo se transforma a tal velocidad que la Iglesia católica se verá obligada a cambiar inexorablemente con los tiempos que le ha tocado vivir.

14

Carácter del papa

Pragmatismo, carisma y timidez con los medios

> Es alguien cercano y humilde, a quien todos llamaban simplemente «padre Prevost».[106]

Hace un siglo, los papas eran casi líderes anónimos apenas conocidos por el séquito de cardenales, obispos, secretarios o mayordomos que los servían. Naturalmente, siempre transcienden anécdotas o datos sobre sus vidas, pero nunca un papa ha estado tan expuesto a la opinión pública como lo va a estar León XIV.

El papa Francisco logró poner de su parte a los medios de comunicación, pero no manejaba las redes sociales y la influencia que tienen en la actualidad. El actual papa, como veremos más adelante, tiene redes sociales y las ha utilizado activamente. Desde el invento de la prensa como el

[106] Carretero, Rodrigo, *Huffpost*, 8 de mayo de 2025, <www.huffingtonpost.es/virales/antonio-pelayo-define-frase-insuperable-leon-xiv-entiende-perfectamente-dondea.html>.

cuarto poder, la opinión pública tiene mucho que decir sobre los líderes mundiales.

Las redes sociales comienzan a verse como el quinto poder por su gran influencia en la masa de la población, en especial entre los jóvenes. Su poder creciente ha comenzado a preocupar a algunos gobiernos y a instituciones como la Unión Europea. Un mensaje que se convierte en viral en una plataforma puede llegar más rápidamente y a más gente que una noticia en la radio o la televisión. El poder de influencia y manipulación es enorme. La Iglesia católica está creando instituciones y mecanismos para controlar la imagen del papado y de la Iglesia en los medios. ¿Logrará el nuevo papa León XIV encajar en las redes sociales y entre los más jóvenes?

¿Cómo han sido las personalidades de los últimos papas y cómo esto ha influido en su pontificado? Cada sumo pontífice ha tenido unas características determinadas y unos rasgos de personalidad propios. Su carisma, impronta, naturalidad y carácter han marcado no solo sus decisiones, sino cómo era percibido por un mundo cada vez más preocupado por las formas que por el fondo de la cuestión.

Benedicto XVI ha sido uno de los últimos papas más cultos de la historia de la Iglesia, un gran teólogo, pero la gente, en cambio, solo se fijaba en su escaso carisma o su nula capacidad de comunicación. Juan XXIII, el gran papa de las reformas, transmitía más bondad que inteligencia, pero fue una de las personas que más reflexionó sobre los problemas de la Iglesia en el siglo xx.

Los papas de la segunda mitad del siglo xx y de lo que llevamos de siglo xxi han sido muy dispares en carácter y personalidad, y han dejado una impronta muy diferente en el mundo.

Juan XXIII (1958-1963)

El llamado «papa bueno» no tuvo un pontificado muy largo, pero cambió la Iglesia católica para siempre. Impulsor de un concilio que él hubiera deseado que fuera ecuménico, era un gran soñador. Lo bueno de ser soñador es que si alcanzamos al menos la mitad de nuestros sueños habremos hecho más que la mayoría de los mortales.

Juan XXIII era de carácter afable y amoroso, así que es normal que escogiera el nombre del apóstol del amor. Era cercano con la gente. En su trato era muy natural, algo poco común en los años cincuenta, cuando la gente se manifestaba de modo mucho más formal. Eso hacía que fuera muy accesible con todo el mundo. Seguramente influía en su carácter que provenía de una familia sencilla de campesinos pobres del norte de Italia. Era una persona que no se había olvidado de sus orígenes, que se había mantenido humilde a pesar de haberse convertido en uno de los hombres más influyentes de su tiempo.

En una época en la que los medios de comunicación comenzaban a tener mucha importancia, Juan XXIII tuvo una relación abierta, no como la de sus antecesores, que apenas concedían entrevistas y se mostraban ante las cámaras.

Su actitud y su legado hicieron de la Iglesia católica una confesión más abierta y dialogante, justo cuando el mundo estaba a punto de cambiar radicalmente, con la aparición de la nueva generación de los años sesenta, inconformista y radical, que no había sufrido la guerra como sus padres.

Juan Pablo I (1978)

Juan Pablo I también era de carácter cercano y muy humilde. No en vano, lo llamaban el «papa sonriente». Cuando era obispo, recibía a los sacerdotes sin necesidad de cita previa. Era hijo de una humilde familia de trabajadores de un pequeño pueblo de los Alpes italianos.

Su pontificado fue uno de los más breves de la historia, lo que no le permitió dejar ninguna impronta. La relación de Juan Pablo I con los medios no fue muy larga, pero sí sabemos que era una persona cercana y sencilla. Dicen que intentó cambiar a la curia papal y eso le costó la vida. No lo sabremos, pero sí podemos afirmar que tenía un estilo pastoral y muy humano.

Pablo VI (1963-1978)

Este papa gobernó la Iglesia durante unos quince años, aunque ha pasado algo desapercibido, tal vez porque muchos lo vieron como un hombre de transición. Su papado atravesó uno de los momentos álgidos de la Guerra Fría y del temor a una guerra nuclear.

Pablo VI era un intelectual, una persona reflexiva y espiritual. Su compromiso primordial era con la verdad en un mundo lleno de confusión. Provenía de una familia de la alta burguesía de la región de la Lombardía. Sus padres le habían proporcionado una educación exquisita.

Su relación con los medios de comunicación fue discreta, pero correcta. Era una persona respetuosa y formal, pero más reservado que otros papas.

Fue el papa que concluyó el Concilio Vaticano II, por lo que también fue un papa que buscó la renovación de la Iglesia, pero quedó opacado por la gran sombra de su antecesor Juan XXIII.

Tenía un carácter menos pastoral, menos cercano que otros pontífices del siglo XX.

Juan Pablo II (1978-2005)

El pontificado del papa polaco duró veintisiete años, uno de los más largos de los últimos papados. Llegó en un momento político complejo y de grandes cambios, a los que contribuyó notablemente.

Fue uno de los papas más carismáticos de los últimos tiempos. También fue muy enérgico y de una profunda espiritualidad. En su carácter influyó mucho la persecución que sufrieron muchos polacos por parte del régimen comunista.

Era un gran comunicador, uno de los mejores que ha tenido la Iglesia católica, junto con el papa Francisco. Supo manejar a los medios de comunicación y viajó tanto que mantuvo un interés constante en su pontificado. Se destacó sobre todo por ir a donde estaba la Iglesia y no quedarse encerrado en Roma. Su mensaje llegó de forma global, mucho más lejos que el de los otros papas.

Sobrevivió a un atentado en 1981: al parecer, querían acabar con su influencia en el mundo. Después visitó a quien quiso asesinarlo y lo perdonó. Su mensaje de perdón y reconciliación fue un ejemplo para muchos.

Benedicto XVI (2005-2013)

Fue la mano derecha de Juan Pablo II y el teólogo que puso en orden las tendencias excesivamente comunistas de una parte de la Iglesia, especialmente la del tercer mundo. Su pasado en las juventudes hitlerianas, un paso obligado para todos los jóvenes bajo el régimen nazi, generó bastante polémica.

Era un hombre reservado y profundo en sus reflexiones. Redactó algunos de los libros más importantes de los últimos tiempos en el ámbito de la Iglesia, como el dedicado al desarrollo de la teología de la gracia, una obra con la que se acercó a postulados protestantes.

Era un hombre claro a la hora de comunicarse con los medios, aunque menos empático y mucho menos carismático que su antecesor. Era doctrinalmente muy sólido gracias a su formación teológica, pero muy poco pastoral y muy alejado de la gente común en un momento muy difícil para la Iglesia.

Bajo su gobierno surgieron varios escándalos financieros y el problema de los abusos sexuales. Las circunstancias que generaron todos estos problemas lo superaron y terminó dimitiendo en 2013, un hecho que conmocionó al mundo, pues era algo que no sucedía desde hacía siglos.

Francisco I (2013-2025)

Tras doce años de un intenso pontificado, el «primer papa de las Américas» imprimió un carácter muy especial y latino a su pontificado. El primer papa jesuita fue un hombre expresivo, a veces explosivo, ccrcano y muy pastoral.

Provenía de una familia de clase media de Buenos Aires. Era un hombre vocacional, sensible y firme. Revindicó una Iglesia pobre para los pobres y logró implementar sus reformas sin dejarse apabullar por la curia.

Lo más destacable de su personalidad fue su espontaneidad y su cercanía con los medios, aunque en ocasiones fue ambiguo y algo populista. A veces daba la sensación de que decía lo que la gente quería escuchar, algo habitual entre los jesuitas, muy versátiles y con una capacidad camaleónica de simular que piensas como tu interlocutor. Era vehemente y rígido, pero accesible para todos.

Proporcionaba muchos titulares a los medios y logró que el foco se situara sobre él y que la gente se olvidara de los escándalos surgidos antes de que fuera nombrado papa.

Fue uno de los papas más reformadores desde Juan XXIII: cambió la Iglesia desde dentro, especialmente por lo que respecta a su gobierno, e hizo que la institución fuera mucho más transparente. Fue un gran luchador por la justicia social y contra los abusos, por lo que algunos lo vieron como un personaje demasiado politizado.

León XIV (2025)

El actual papa tiene una misión muy difícil: ser él mismo. Ya desde su aparición en el balcón principal de la plaza de San Pedro, muchos lo compararon con Francisco, un papa campechano, al que no le gustaban los símbolos, el lujo y los oropeles. León XIV mostró personalidad al salir al balcón con los ornamentos clásicos de los papas, como ya comentamos. También por ser mucho más claro y directo que su antecesor. Agustino de formación, perteneciente a una de las ordenes más intelectuales y humildes de la Iglesia, es menos retorcido y confuso que su antecesor. Esto puede ser bueno, pero también malo, ya que sus comentarios pueden incomodar más, por ejemplo, el que hizo sobre las familias heterosexuales, eliminando así cualquier ambigüedad en ese tema, con la que siempre había jugado Francisco.

Aunque es mucho más tímido que Francisco —ser argentino es siempre un plus en ese sentido—, se ha mostrado más expresivo y sensible que él. Su apariencia de timidez puede ser vista como negativa, pero al mismo tiempo la compensa con su sencillez, humildad y cercanía. Ante el encuentro con su hermano carnal, rompió el protocolo y lo abrazó, mostrándose natural. También ha sido afable con todos los mandatarios, muchos de los cuales están todavía tanteando el terreno hasta conocerlo mejor.

Su relación con los medios es cordial, pero no tiene el sentido un humor tan profundo como su antecesor. Mantiene más una escucha activa, lo que le permite ser más dialogante.

Una de las características de su papado, según él mismo ha expresado, es tender puentes y escuchar. El anterior papa polarizó mucho a la Iglesia, en un contexto global de profunda crispación. Alguien calmado y dialogante puede hacer mucho bien en los conflictos internacionales. Es mucho menos visceral que su antecesor, más reflexivo y comedido, por lo que evitará conflictos innecesarios. Su talante parece más de los años ochenta y su pragmatismo estadounidense le ayudará en ese sentido.

Su primer objetivo es la unidad y la reconciliación dentro de la Iglesia. Habla mucho del amor y de la importancia de seguir los pasos de Cristo.

Tiene un corazón más pastoral y misionero que otros papas, más sensible a los problemas sociales, pero, al mismo tiempo, más actual. Su formación de matemático le permite entender el mundo cambiante y tecnológico en el que vivimos. Se muestra preocupado por la ecología, por el cuidado del medioambiente, por la protección de las personas más vulnerables y la teología social de la Iglesia, pero sin dejar de lado la evangelización y el mensaje doctrinal.

El agustino español Ildefonso Trigueros, director del colegio San Agustín de Madrid, lo describe como una persona tranquila, que sabe escuchar y con una mente brillante. El actual secretario general de los agustinos, Miguel Ángel Martín, aseguró en una entrevista que el nuevo papa es una persona tranquila, serena, que no es muy expresiva, pero sí conciliadora. Parece retraído al principio, pero es un gran conversador. El prior de los agustinos de Málaga, Agustín Herrero, destacó su cercanía, su humildad y su capacidad de escucha. Es fácil percibir que te está escuchando y que le interesa lo que le cuentas. El prior general de los agustinos, Alejandro Moral Antón, lo define como una persona muy normal. Dice que es reflexivo, trabajador, inteligente y muy dialogante, un buen amigo al que le gusta trabajar en equipo y que sabe tomar decisiones. Y el arzobispo de Barcelona, Juan José Omella, uno de sus colaboradores, dice que es un hombre sensible, humilde, sencillo e inteligente, muy preocupado por los problemas del mundo, como el hambre, la pobreza y la injusticia. Desde niño, muchos de sus compañeros y amigos han destacado todos esos rasgos de su personalidad. Ahora tiene que enfrentarse a una gran responsabilidad y tendrá que demostrar que está a la altura.

León XIV manifestó en unas de sus últimas intervenciones que no se merece haber sido elegido, que no hay nada en él que sea destacable. Al parecer, los cardenales no pensaron lo mismo. Frente a una guerra abierta entre conservadores y progresistas, el nuevo papa parece más cerca del término medio, que es donde se dice que mora la virtud.

Otra de sus características es su pragmatismo, seguramente herencia de su crianza en Estados Unidos. A eso hay que añadir su conservadurismo en lo moral. Ambos rasgos lo acercan a esas dos posturas en las que se está dividiendo el mundo.

El niño que jugaba a ser sacerdote con sus hermanos, acabó entrando en el seminario menor. Luego estudiaría matemáticas y más tarde entró en el seminario para convertirse en monje. Desde ahí empezó su labor misionera, fue mentor y profesor, y humildemente se convirtió en obispo. Luego, sin esperarlo, aceptó el cargo de prior general de su orden, y más tarde fue nombrado arzobispo, cardenal y después papa. Una ascensión natural, progresiva, aunque algo acelerada en los últimos años.

Nunca sabremos de que hablaban él y Francisco los sábados en el Vaticano, quizá de futbol. Pero conociendo el carácter de los dos papas, seguramente estaban soñando con hacer de la Iglesia una entidad más cercana a su fundador.

Si el pastor por excelencia debe parecerse a alguien, debería ser a Cristo, definido perfectamente por el profeta Isaías en el capítulo 53 unos 750 años antes del nacimiento de Jesús:

> ¿Quién ha creído en nuestro anuncio?, ¿y sobre quién se ha manifestado el brazo de Jehová? [2] Subirá cual renuevo delante de él, y como raíz de tierra seca; no hay parecer en él, ni hermosura; lo veremos, mas sin atractivo para que le deseemos. [3] Despreciado y desechado entre los hombres, varón de dolores, experimentado en quebranto; y como que escondimos de él el rostro, fue menospreciado, y no lo estimamos.
>
> [4] Ciertamente llevó él nuestras enfermedades, y sufrió nuestros dolores; y nosotros le tuvimos por azotado, por herido de Dios y abatido. [5] Mas él herido fue por nuestras rebeliones, molido por nuestros pecados; el castigo de nuestra paz fue sobre él, y por su llaga fuimos nosotros curados. [6] Todos nosotros nos descarriamos como ovejas, cada cual se apartó por su camino; mas Jehová cargó en él el pecado de todos nosotros.
>
> [7] Angustiado él, y afligido, no abrió su boca; como cordero fue llevado al matadero; y como oveja delante de sus trasquiladores, enmudeció, y no abrió su boca. [8] Por cárcel y por juicio fue quitado; y su generación, ¿quién la contará? Porque

> fue cortado de la tierra de los vivientes, y por la rebelión de mi pueblo fue herido. 9 Y se dispuso con los impíos su sepultura, mas con los ricos fue en su muerte; aunque nunca hizo maldad, ni hubo engaño en su boca.[107]

El papa León XIV es solo un hombre, puede que bondadoso y con buenas intenciones, pero solo un hombre. La gente está muy necesitada de un referente moral en este momento de confusión que nos ha tocado vivir. Quizá las palabras de la filósofa Hannah Arendt sobre la banalidad del mal sean la respuesta ante tanta incertidumbre y confusión: «El mal puede ser extraordinario, pero también puede ser, y más a menudo lo es, aterradoramente banal».

La mayor lucha que nos queda como raza humana es la que nos enfrenta a nosotros mismos y a nuestras contradicciones. Mientras pensemos que la bondad es lo que rige el mundo y no asumamos nuestra parte de responsabilidad en las cosas que van mal, nada va a cambiar.

[107] Versión Reina Valera, 1960, Isaías 53, 1-9.

Conclusión

Es difícil sacar conclusiones sobre un hombre cuando lleva tan poco tiempo en su nuevo cargo. Lo que sí es seguro es que muy pocos seres humanos son capaces de cambiar el rumbo de la humanidad. Moisés, Jesucristo, Buda, Mahoma, Confucio, Alejandro Magno, Constantino, Leonardo da Vinci, Martín Lutero, Isabel I, Albert Einstein, Martin Luther King o Nelson Mandela lo consiguieron, cada uno a su manera.

Siempre hay una gran distancia entre nuestras expectativas y la realidad. La gente esperaba muchas más reformas del papa Francisco, porque la mayoría de las que estaba haciendo no eran visibles al mundo exterior; otros consideran que las cosas estaban cambiando demasiado deprisa.

Un papa estadounidense en un momento en el que Estados Unidos se encuentra al borde del colapso moral y político, en plena era Trump, con un vicepresidente católico y el secretario de Estado también, cuando menos va ser muy interesante. A esto hay que añadir otros elementos de peso que están marcando la agenda mundial: hay en marcha dos guerras muy complejas que parecen no tener fin, las sociedades occidentales viven un momento de gran polarización, junto con el fracaso de la mayoría de las democracias de África y Oriente Próximo, el hundimiento de las economías en Latinoamérica y el ascenso de los populismos. Frente a todos estos graves problemas, el margen de maniobra parece muy pequeño.

Por su parte, la Iglesia católica también está viviendo un momento de gran división. Aunque la parte conservadora parezca más débil, puede atraer a millones de fieles, muchos de ellos de regiones donde la Iglesia sigue creciendo. La secularización parece imparable en Occidente, a lo que hay que añadir la persecución del cristianismo en muchas partes del mundo. Los jóvenes católicos están abandonando las iglesias en varios países, el promedio de edad de los sacerdotes está creciendo y en muchos lugares hay una crisis de vocaciones.

León XIV hereda un legado sólido por parte de Francisco en cuanto a la reforma de la curia y el gobierno de la Iglesia, pero las arcas están vacías, las donaciones decrecen, la sociedad demanda una Iglesia ejemplar y modélica. Los escándalos parecen ir cesando, pero el nuevo papa deberá atraer todo lo que pueda los focos mediáticos y conquistar las redes, una tarea difícil para un hombre tímido.

El mundo actual es impaciente, quiere ver resultados inmediatos, pero la Iglesia católica es una institución milenaria que ha sobrevivido a cientos de crisis, procesos políticos y cambios sociales. ¿Podrá León XIV, como pretendió León XIII, adaptarse a los nuevos tiempos?

La última revolución que queda, la única que puede salvar a la humanidad, es la del amor, pero parece que cada vez se aleja más de nosotros. Palabras como *unidad*, *reconciliación* y *esperanza* son hermosas, pero difíciles de plasmar en el día a día.

El papa quiere que la Iglesia sea un fermento para un mundo reconciliado. El apóstol san Pablo, en la Carta a los Corintios, habla de que los cristianos tienen que ser agentes de reconciliación, pero esta no puede existir, según el apóstol, si antes no hay una reconciliación con Dios.

> Y todo esto proviene de Dios, quien nos reconcilió consigo mismo por Cristo, y nos dio el ministerio de la reconciliación; que Dios estaba en Cristo reconciliando consigo al mundo, no tomándoles en cuenta a los hombres sus pecados, y nos encargó a nosotros la palabra de la reconciliación.
>
> Así que somos embajadores en nombre de Cristo, como si Dios rogara por medio de nosotros; les rogamos en nombre de Cristo: reconcíliense con Dios.[108]

El papa León I logró frenar a Atila a las puertas de Roma y evitar su destrucción, pero los vándalos saquearon Roma y la destrucción de un imperio decadente como era el romano no pudo detenerse.

El papa León X se enfrentó a la Reforma protestante, pero no logró evitar que la Iglesia se dividiera en dos.

León XIII intentó frenar el avance del comunismo y quiso abrir una vía cristiana que defendiera los derechos de

[108] Versión Reina Valera, 1960, Segunda Carta a los Corintios 5, 18-20.

los trabajadores, pero eso no impidió la Revolución rusa ni la creación de los Estados marxistas.

Francisco consiguió frenar la sangría moral en la que se encontraban la curia y la Iglesia, pero no logró que las parroquias se llenaran de nuevo.

El peso de la historia puede ser abrumador, y el cambio de una institución milenaria demasiado lento, mucho más en una sociedad acelerada. Los retos parecen infinitos, pero si algo hay seguro es que León XIV lo intentará. Si la salud se lo permite, y dado que es un papa joven, tendrá tiempo para ello.

En la Galería Vaticana, o Galería de los Papas, solo queda espacio para un retrato más, el de León XIV. Puede que esto tenga solo un significado simbólico o sea algo premonitorio. ¿Será el papa León XIV el último sobre la tierra?

Giovanni Maria Vian comenta en su libro, precisamente titulado *El último papa*, una hermosa frase de Benedicto XVI: «El cristianismo debe estar en el presente para poder darle forma al futuro».[109]

¿Cómo será un Occidente pagano? ¿Podrá la Iglesia católica conquistar el mundo de nuevo? Para ello, debería volver al mundo en todos sus contextos y formas, con la intención de mostrar a Cristo, el fundador de la religión más antigua y numerosa del mundo actual.

[109] Vian, Giovanni Maria, *El último papa*, prólogo, p. 11, Deusto, 2025.

Reflexión final sobre el pontificado y su papel global

El papa no es nada más que un hombre, un hombre con mucho poder e influencia, pero con todas su limitaciones y debilidades. A principios del siglo XX se intentó acentuar su poder dentro de la Iglesia y darle la capacidad de infalibilidad en temas doctrinales. Ante el temor a convocar concilios, los papas intentaron dominar la curia y a los obispos, pero al final fueron dominados por esta. El siglo XX fue uno de los más convulsos de la historia. La Iglesia católica tuvo que enfrentar retos enormes, pero pasó casi la primera mitad del siglo ensimismada, y cuando quiso reaccionar, las dos guerras mundiales, la Guerra Fría y el temor a la guerra nuclear había hecho que buena parte de la cristiandad perdiera la fe en la Iglesia y, en muchos casos, también en Dios.

La apuesta de la Iglesia por los pobres y los desfavorecidos, por las misiones y un cambio a nivel profundo de los paradigmas del mundo, permitieron que la Iglesia sobreviviera entre los pobres. Ahora que la Iglesia es más global que nunca y ya no es considerada un producto del mundo occidental, es cuando más necesita apostar por la misión de nuevo.

El papa Francisco arregló la casa, pero el nuevo papa León tiene que poner en orden a la Iglesia y sacarla a la calle a evangelizar de nuevo, llegar a los jóvenes, ser profética ante las injusticias del mundo actual y convencer al mundo de que su misión está centrada en Cristo y no en su propio esfuerzo humano.

Las arcas están vacías, el brillo litúrgico parece algo deslucido, los fieles más jóvenes ya no hablan latín ni italiano, pero la Iglesia debería ser mucho más que la tradición, debería ser el impulso de la fe articulado por medio del amor a Cristo. Si no es así, será un agente de poder más en un mundo que lucha por conseguir su pedazo de pastel sin importar el precio y el sufrimiento de los demás.

El pontificado del papa León XIV nace en un momento de fractura global, con guerras que parecen no tener solución a corto plazo. El nuevo papa ha entendido que, si solo cambiamos estructuras, pero no cambiamos corazones, el mundo volverá al mismo punto pasado un tiempo. Por eso en su primera homilía dijo: «No hablo de reformas, ni de estructuras, hablo de Cristo».[110]

Ante la presencia de Donald Trump, el presidente del país más poderoso del planeta, deberá enfrentarse a la especie de mesianismo político que parecen desprender sus mensajes populistas.

[110] Homilía inaugural del papa León XIV, basílica de San Pedro, 18 de mayo de 2025.

El papa Francisco planteó el problema al que se enfrenta una Europa poscristiana. Ante el Parlamento Europeo comentó que Europa será cristiana no cuando imponga valores, sino cuando defienda la dignidad de cada ser humano, empezando por el que llega con las manos vacías.

Frente al problema de la migración, el nuevo papa pide al mundo que no vea al emigrante como una amenaza, sino que se ponga ante el espejo de la fragilidad, sabiendo que podríamos estar en su mismo lugar.

Uno de sus mensajes es que sin espiritualidad no hay futuro. No se puede vaciar al ser humano de sentido y seguir creyendo que eso no lo convertirá en alguien hedonista, cínico, materialista e insolidario. Lo que el hombre siembra es lo que recoge. Ya Romano Guardini alertó de la despersonalización del mundo.

El propio papa ha comentado que no se propone cambiar el mundo, solo recordarle que ya fue salvado. Benedicto XVI decía que la fe no es una construcción humana —eso es la religión—, sino un don de Dios.

León XIV se presenta como un pastor silencioso en un mundo ruidoso. Tal vez la sociedad deje de gritar y comience a escuchar los corazones, porque dentro del pecho de cada ser humano hay un hombre y una mujer sufriente.

Un hombre solo no puede cambiar el mundo, pero sí su corazón. Todos piensan que tienen la solución para transformar las cosas, pero nadie parece interesado en cambiarse a sí mismo. Las transformaciones profundas siempre comienzan en el corazón.

Anexos

Las ideas del nuevo papa en diez frases

1. «¡Esta es la hora del amor!».[111]

Significado: el único camino para cambiar el mundo es el amor. Ya se han intentado otros, como las revoluciones, la lucha de clases, diferentes sistemas económicos y filosofías, pero todos han fracasado. La Revolución francesa propuso la unidad de los hombres a través de la igualdad, la libertad y la fraternidad, pero la única que nunca se ha desarrollado es la fraternidad. Cuando los hombres sean realmente hermanos, el mundo cambiará.

[111] Ibídem.

2. «Fui elegido sin tener ningún mérito y, con temor y trepidación, vengo a ustedes como un hermano que desea hacerse siervo de la fe y de la alegría».[112]

Significado: la humildad debería ser la característica de cualquier persona que se considera siervo de Dios y seguidor de Cristo. Que nos sorprenda la humildad en un papa nos muestra cuán alejada está a veces la práctica de la fe del ejemplo de Cristo, que siendo Dios, se hizo hombre, como dice el apóstol san Pablo en la Carta a los Filipenses, capítulo 2, versículos 5-7.

3. «El ministerio de Pedro está marcado precisamente por este amor oblativo, porque la Iglesia de Roma preside en la caridad y su verdadera autoridad es la caridad de Cristo».[113]

Significado: la autoridad puede surgir por medio del amor, nunca es impuesta. La ley del amor hace que nos entreguemos de verdad, no por obligación o temor. En muchas épocas de la historia, la Iglesia ha utilizado el temor y la represión, pero el camino más excelente, que el apóstol san Pablo describe en la Primera Carta a los Corintios, capítulo 13, es precisamente el del amor.

[112] Ibídem.
[113] Ibídem.

4. «Hermanos, hermanas [...]. Me dirijo a ustedes, especialmente a quienes ya no creen, ya no esperan, ya no rezan».[114]

Significado: en un mundo desesperanzado, la esperanza es capaz de cambiarnos por dentro. La fe no se pierde, porque no es una mera creencia, es sobre todo una relación de confianza con Dios. A veces, la Iglesia falla y perdemos esa relación, pero Dios nos espera con sus brazos amorosos como el padre tierno y amoroso, saliendo al camino para esperarnos.

5. «Desarmemos las palabras para desarmar la Tierra».[115]

Significado: la Biblia dice que de la abundancia del corazón habla la boca. En un mundo donde se destila odio y conmoción, en el fondo lo que hay en el corazón es odio. El odio es producto del temor y la desconfianza, también de la idea de que merecemos más que los demás y somos mejores que ellos. El amor es justo todo lo contrario.

114 Mensaje del papa León XIV en redes sociales, 11 de mayo de 2025, https://www.religiondigital.org/opinion/Solo-Papa-responsable-Iglesia_0_2779222064.html

115 Audiencia con periodistas, 12 de mayo de 2025, https://www.osservatoreromano.va/es/news/2025-05/spa-006/desarmar-las-palabras-para-contribuir-al-desarme-de-la-tierra.html

6. «No se trata nunca de capturar a los demás con prepotencia, propaganda religiosa o medios de poder, sino siempre y únicamente de amar como lo hizo Jesús».[116]

Significado: lo importante no es convencer o vencer, es mostrar a los demás las ventajas de la fe y el amor que Cristo nos tiene, porque el amor habla por sí mismo. Él murió en la cruz por obediencia al Padre y amor a la humanidad.

7. «La falta de unidad es una herida que sufre la Iglesia, una herida muy dolorosa».[117]

Significado: la falta de unidad es una muestra de la carnalidad de la Iglesia, que se complace más en sí misma que en Dios. La voluntad de ceder y sacrificarse es el camino que lleva a la unidad, sin que la diversidad se diluya.

8. «El adoctrinamiento es inmoral, impide el juicio crítico y atenta contra la sagrada libertad del respeto a la propia conciencia».[118]

[116] Homilía inaugural del papa León XIV, basílica de San Pedro, 18 de mayo de 2025.

[117] Declaración previa al cónclave, 2023, <eltiempo.com>.

[118] *ACI Prensa*, «Discurso del papa León XIV sobre la doctrina social de la Iglesia...», *op. cit.*

Significado: defiende la libertad de conciencia y el pensamiento crítico frente a cualquier forma de imposición ideológica. La moral es una regla personal de conducta; cuando se la aplicamos a los demás, se convierte en fariseísmo y superioridad, cosas que no vienen de Dios.

9. «No tengan miedo, acepten la invitación de la Iglesia y de Cristo Señor».[119]

Significado: anima a los jóvenes a responder a la llamada vocacional sin temor. Dios es el que llama y confirma, también el que da las fuerzas para andar el camino de la entrega y el servicio a los demás.

10. «Queremos ser una Iglesia sin hogar, una Iglesia que camina, que busca siempre la paz, la caridad y estar cerca de quienes sufren».[120]

Significado: propone una Iglesia misionera, en movimiento y comprometida con los más necesitados. Los primeros cristianos eran conocidos como «los del camino» porque, como Jesús, no tenían ni dónde apoyar su cabeza. El Libro a los Hebreos nos habla de los héroes de la fe y cómo estos buscan una ciudadanía mejor.

[119] Primer *Regina Coeli*, 11 de mayo de 2025, <infobae.com>.
[120] Primer discurso como papa, *op. cit.*

Obras del papa León XIV

- *El oficio y autoridad del prior local en la Orden de San Agustín*, Pontificia Universidad de Santo Tomás de Aquino (*Angelicum*), Roma, 1987. Tesis doctoral en Derecho Canónico que examina el rol del prior local en la estructura de la Orden de San Agustín, destacando la autoridad como servicio en lugar de poder.
- *Regla y constituciones de la Orden de San Agustín*, Instituto Histórico Agustiniano, Universidad Villanova, 2002. Guía completa sobre los principios que rigen la comunidad agustiniana, en la que proporciona información sobre la historia y las prácticas espirituales relacionadas.
- «Palabras conclusivas del R. P. Robert Prevost, prior general de la Orden de San Agustín, sobre los agustinos y el estudio de la patrología», *Revista Religión y Cultura*, 2006. Un artículo donde reflexiona sobre la importancia del estudio de los Padres de la Iglesia en la formación agustiniana.
- «Homilía de la Eucaristía de clausura», *Revista Agustiniana*, 2007. Homilía pronunciada en la parroquia Santa Rita de Madrid el 26 noviembre de 2006, al cierre de un evento eclesial en Madrid, reflejando su enfoque pastoral.

Cargos eclesiásticos antes de ser nombrado papa

- Ordenación sacerdotal. El 19 de junio de 1982 fue ordenado sacerdote en la capilla de Santa Mónica del Colegio Internacional de los Agustinos, en Roma.
- Primeros ministerios pastorales. Entre 1985 y 1986, fue vicario parroquial y canciller de la diócesis de Chulucanas, Perú. Entre 1986 y 1987, fue profesor en el Seminario San Agustín de Trujillo y responsable de formación en la comunidad agustina en Perú.
- Cargos dentro de la Orden de San Agustín:

  1988-1998: superior de la comunidad agustina en Chiclayo (Perú), párroco de Santa Ana y director del seminario.

  1988-1998: vicario provincial para la misión agustiniana en Perú.

  1999-2001: maestro de novicios y prior en Estados Unidos.

  2001-2007: prior general de la Orden de San Agustín (primer mandato).

  2007-2013: reelegido como prior general de la Orden de San Agustín (segundo mandato).

- Nombramientos episcopales:

  3 de noviembre de 2014: es nombrado administrador apostólico de Chiclayo, Perú.

  26 de septiembre de 2015: es nombrado obispo de Chiclayo, Perú.

7 de noviembre de 2015: es consagrado como obispo en la catedral de Chiclayo, Perú.

- Cargos en la curia romana:

30 de enero de 2023: es nombrado prefecto del Dicasterio para los Obispos.
30 de enero de 2023: es nombrado presidente de la Pontificia Comisión para América Latina.
Miembro del Dicasterio para la Evangelización.
Miembro del Dicasterio para las Iglesias Orientales.
Miembro del Dicasterio para la Cultura y la Educación.
Miembro de la Sección para el Personal Diplomático de la Secretaría de Estado.

- Cardenalato:

30 de septiembre de 2023: es nombrado cardenal diácono de Santa Mónica.
6 de febrero de 2025: es promovido al Orden Episcopal del Colegio Cardenalicio, con el título de obispo de Albano.

- Pontificado:

8 de mayo de 2025: es elegido papa en el cónclave, tras lo cual escoge el nombre de León XIV.
18 de mayo de 2025: celebra la misa de inicio del pontificado.

Cronología

- 14 de septiembre de 1955: nace en Chicago, Illinois.
- 1973: se gradúa en el Seminario Menor de San Agustín en Holland, Michigan.
- 1977: obtiene una licenciatura en Matemáticas con especialización en Filosofía en la Universidad Villanova, Pensilvania.
- 1978: obtiene una maestría en Divinidad en la Unión Teológica Católica de Chicago.
- 1 de septiembre de 1977: ingresa en el noviciado de la Orden de San Agustín, en la provincia de Nuestra Señora del Buen Consejo de San Luis, Misuri.
- 2 de septiembre de 1978: realiza su primera profesión de votos religiosos.
- 29 de agosto de 1981: profesa sus votos solemnes.
- 10 de septiembre de 1981: es ordenado diácono en Grosse Pointe Park, Michigan.
- 19 de junio de 1982: es ordenado sacerdote en la capilla de Santa Mónica del Colegio Internacional de los Agustinos, Roma.
- 1984: obtiene la licenciatura en Derecho Canónico en la Universidad Pontificia de Santo Tomás de Aquino en Roma.
- 1987: obtiene el doctorado en Derecho Canónico, con mención *magna cum laude*, en la Universidad Pontificia de Santo Tomás de Aquino en Roma.
- 1985-1986: sirve como vicario parroquial y canciller en la diócesis de Chulucanas, Perú.
- 1987-1988: es el promotor de la pastoral vocacional en

Estados Unidos y director de misiones de la provincia agustiniana de Nuestra Señora del Buen Consejo.

- 1988-1998: desarrolla labores pastorales y formativas en Perú, incluyendo roles como profesor de seminario y administrador parroquial en Chiclayo.
- 2001-2013: es elegido prior general de la Orden de San Agustín, cargo que ocupa durante dos mandatos consecutivos.
- 26 de septiembre de 2015: es nombrado obispo de Chiclayo por el papa Francisco.
- 2015: adquiere la nacionalidad peruana.
- 30 de enero de 2023: es nombrado prefecto del Dicasterio para los Obispos y presidente de la Pontificia Comisión para América Latina.
- 30 de septiembre de 2023: es nombrado cardenal por el papa Francisco, con el título de cardenal diácono de Santa Mónica.
- 6 de febrero de 2025: es promovido al orden de los obispos del Colegio Cardenalicio, asignándole la sede suburbicaria de Albano.
- 8 de mayo de 2025: es elegido papa de la Iglesia católica (el 267), tomando el nombre de León XIV.
- 8 de mayo de 2025: en su primer mensaje desde el balcón de la basílica de San Pedro, saluda en italiano y español, recordando con cariño Perú y a la diócesis de Chiclayo.
- 18 de mayo de 2025: oficia la misa de inicio de su pontificado en la plaza de San Pedro ante más de 150 delegaciones internacionales y cientos de miles de fieles. Durante la misa, hace un llamado a la unidad de la Iglesia frente al odio y los conflictos que vive la sociedad actual.

Bibliografía

Bergoglio, Jorge y Skorka, Abraham, *Sobre el cielo y la tierra* (edición digital), Editorial Sudamericana, Argentina, 2011.

Blanco Sarto, Pablo, *Benedicto XVI, el papa alemán* (edición digital), Planeta, 2011.

Cornwell, John, *El papa de Hitler*, Planeta, 2000.

DiFonzo, Luigi, *Michele Sindona, el banquero de San Pedro*, Planeta, 1984.

Frattini, Eric, *La Santa Alianza*, Espasa, 2006.

—, Los cuervos del Vaticano (edición digital), Espasa, 2012.

Fülöp-Miller, René, *Les Jesuites et le secret de leur puissance*, Librería Plon, Francia, 1933.

García-Villoslada, Ricardo, *Historia de la Iglesia en España*, vol. III, tomo 1, BAC, 1979.

—, *Historia de la Iglesia en España*, vol. III, tomo 2, BAC, 1979.

Giussani, Luigi, *El sentido de Dios y el hombre moderno*, Editorial Encuentro, Madrid, 2005.

Hebblethwaite, Peter, *Pablo VI, el primer papa moderno*, Vergara, Argentina, 1993.

Loyola, san Ignacio de, *Autobiografía. Texto recogido por el P. Luis Gonçalves da Camara entre 1553 y 1555* (edición digital), El Aleph, Barcelona, 1999.

Luciani, Rafael; y Schickendantz, Carlos (coords.), *Reforma de es-*

tructuras y conversión de mentalidades: Retos y desafíos para una Iglesia sinodal, Ediciones Khaf, Madrid, 2020.

Lugones, Leopoldo, *El Imperio Jesuítico*, Orbis, Barcelona, 1987.

Paris, Edmond, *La Historia secreta de los jesuitas* (edición digital), Chick Publications, Estados Unidos, 2006.

San Buenaventura, *Biografía de San Francisco de Asís*, «Episodio La oración ante el Crucifijo de San Damián».

Rodríguez Maradiaga, Óscar Andrés; y Prado Ayuso, Fernando, *Praedicate evangelium: Una nueva curia para un tiempo nuevo*, Publicaciones Claretianas, Madrid, 2022.

Rouquette, Robert, *Saint Ignace de Loyola*, Editorial Albin Michel, Francia, 1944.

Rubén Puente, Armando, *El papa Francisco. Cómo piensa el nuevo pontífice*, Libros Libres, Madrid, 2013.

Rubin, Sergio y Ambrogetti, Francesca, *El jesuita* (edición digital), Editorial Vergara, Argentina, 2010.

Schwarz, Christian A., *Cambio de paradigma en la Iglesia: Cómo el desarrollo natural de la Iglesia puede transformar el pensamiento teológico*, Editorial CLIE, Viladecavalls, 2006.

Wellington, Walter, *Historia de la Iglesia Cristiana*, Editorial La Aurora, Argentina, 2011.

Ynfante, Jesús, *Opus Dei. Así en la tierra como en el cielo*, Grijalbo, Barcelona, 1996.